Soyez simple dans la piété docile humble unie
comme saint Paul l'ordonne aux femmes Dieu tous
Soyez simple dans la piété docile humble unie
comme saint Paul l'ordonne aux femmes Dieu
Soyez simple dans la piété docile humble unie
comme saint Paul l'ordonne aux femmes Dieu
Soyez simple dans la piété docile humble unie
comme saint aul l'ordonne emmes.

L'ART D'ENSEIGNER
LA GRAMMAIRE
FRANÇAISE.

L'ART D'ENSEIGNER
LA
GRAMMAIRE
FRANÇAISE,

SUIVANT LE SYSTÈME DES ÉCOLES-MODÈLES,

OU

Grammaire pratique,

EN 90 LEÇONS,

Mise à la portée DES PLUS JEUNES ENFANTS, avec des Exercices orthographiques gradués sur chaque leçon ; des Récapitulations sur chaque chapitre; des Analyses grammaticales sur chaque partie du discours; des dictées sur les homonymes; des Exercices syntaxiques, et des questions graduées sur les règles de la Grammaire, pour servir à l'examen des Élèves;

Par Ch. MARTIN,

AUTEUR DU VOLEUR GRAMMATICAL, MEMBRE DE DIFFÉRENTES SOCIÉTÉS SAVANTES ET MAÎTRE DE PENSION.

PRIX : 2 fr. 50 cent.

La Grammaire est la logique du peuple. Il faut pour l'apprendre beaucoup de pratique et peu de théorie.

A LAON,
Chez Lecointe, Libraire, rue Châtelaine, N° 34.

A PARIS,
Chez Lecointe et Pougin, Libraires, quai des Augustins, N° 49.

1833.

Laon. — Varlet-Berleux et F. Bouquet,
Imprimeurs de la Préfecture, rue Sérurier, 36.

LA CLEF

DE

LA GRAMMAIRE PRATIQUE,

SUIVANT LE SYSTÈME DES ÉCOLES-MODÈLES.

M. Taillefer, inspecteur de l'académie de Paris, auteur judicieux *des améliorations à introduire dans l'instruction publique*, a dit : Les meilleures *théories* ne valent pas une bonne *méthode pratique*. Aussi les bons maîtres, ceux qui connaissent l'art précieux de la didactique, mettent-ils aujourd'hui la *méthode pratique* en première ligne, la théorie ne vient qu'après. C'est en effet la marche de la nature, puisque l'on reconnait que l'homme parle avant de savoir lire, et que la grammaire a pour premier but, *l'art de parler correctement*, il est de toute évidence qu'il faut commencer l'éducation grammaticale de l'homme dès le moment qu'il commence à parler. Si vous attendez qu'il sache lire et écrire, vous lui laissez le temps de se faire une fausse grammaire, et de contracter dans la langue parlée, surtout dans les campagnes, de mauvaises habitudes que vous ne pourrez plus vaincre par le secours de la *grammaire théorique*, entièrement consacrée à la langue écrite; car remarquez bien qu'elle ne traite que de l'alphabet, des accents, de l'apostrophe et des parties du discours, considérées comme signes de la langue écrite, et ne dit pas un mot de la langue parlée. Cependant l'écriture n'est que le signe représentatif de la parole, et ne vient qu'après. Commencez donc à faire pratiquer la langue parlée, c'est-à-dire, accoutumez les enfants dès l'âge le plus tendre à bien parler, et vous serez tout surpris de les voir pratiquer la langue écrite, quand viendra le temps de leur mettre en main un crayon d'ardoise ou une plume. Il ne faut que du bon sens pour sentir cela. Un enfant parle; vous soignez sa prononciation; sa voix et son oreille s'y accoutument: voilà le plus grand pas fait. Bientôt il va lire, et cet art s'acquiert promptement, en se servant de nos nouvelles méthodes et en proscrivant celle de l'épellation, alors son œil s'habituera à connaître les signes représentatifs des sons qui frappent son oreille. Comment voulez-vous qu'un enfant accoutumé à prononcer *tu es aimable, tu es heureux, je viens à toi, tu cueilleras un fruit, nous apprenons à lire, vous écrirez à vos parents*, en un mot à former ses liaisons d'après les bons usages, aille mettre un *t* où son œil voit un *s*, où sa bouche prononce un *ze*? Pourquoi entendons-nous tant d'enfants dire *t'est-aimable, t'est-un menteur, nous ont bu?* parce-qu'on les a abandonnés à une mauvaise langue parlée, et qu'il est trop tard ponr rectifier ce barbare langage. Des milliers de *grammaires théoriques* usées sous leurs doigts et arrosées de leurs larmes ne servent plus à rien, tant est grand l'empire de l'habitude. *Mal parler*, entraîne pour conséquence inévitable *mal écrire*. Qu'est ce que la *grammaire pratique?* c'est celle que nous nous fabriquons nous-mêmes, en parlant tant bien que mal. Celui qui dit: *je leu zi ai parlé* ou *je leurs ai parlé*, s'est fait une grammaire; celui qui dit: *nous leurs avons dit, c'est nous qui ont parlé* s'est fait une autre grammaire; celui qui dit: *je leur ai parlé, nous leur avons dit, c'est nous qui avons parlé* s'est fait aussi une autre grammaire. Cette dernière est sans contredit la meilleure, celle qui est avouée, reconnue et pratiquée, non par la majorité compacte; mais par les classes instruites. Remarquez que chacune de ces phrases n'offre aucune difficulté à la prononciation; l'organe vocal s'y prête volontiers, sans nul effort. Il n'en coûterait donc pas plus de bien parler que de mal parler. On apprend bien à parler à un serin, à un perroquet, et l'on hésiterait d'apprendre à parler à des hommes! Non, ce n'est point un reproche à faire à la philantropie qui anime notre nation ; on n'y a pas pensé, voilà le fait. Tout le monde souffre en voyant les masses parler et écrire si mal notre belle langue; de bons esprits, avec les meilleures intentions, ont tenté d'y porter remède, en fesant des Grammaires pour l'enfance; mais malheureusement des grammaires *théoriques ;* car elles sont taillées sur le même patron, et commencent toutes par cette phrase obligée : *La grammaire est l'art de parler et d'écrire correctement.* En vérité que dirait-on d'un serrurier, qui au lieu de mettre son apprenti à l'œuvre, l'interrogerait à la journée ? *Qu'est-ce que la serrurerie ? qu'est-ce qu'un marteau ? qu'est-ce qu'un soufflet ? qu'est-ce qu'une enclume, une bigorne ?* etc. etc. On dirait, cet homme est fou, il abrutit l'enfant qu'on lui a confié, et ce petit malheureux ne saura jamais rien. *C'est en forgeant, qu'on devient forgeron.* Le proverbe n'est pas nouveau ; tout le monde le sait, personne ne le pratique. Fallait-il donc attendre des siècles pour nous ramener à des considérations aussi simples, aussi naturelles ? vous voulez apprendre la grammaire, pratiquez-la (1). Pour apprendre à pratiquer la grammaire rien n'est plus simple, un peu d'attention suffit ; voici comment il faut procéder.

Il ne faut pas attendre que les élèves soient arrivés au chapitre des *verbes* pour leur en faire conjuguer. Nous ne sommes plus au temps où il fallait passer des années entières à *pleurer* ou à *jouer* sur les bancs des écoles avant d'apprendre la grammaire, et où l'on entassait des chapitres dans la tête des enfants avant de leur faire apprendre la conjugaison des

---

(1) Extrait de la Revue élémentaire. Les instituteurs qui désireraient connaître la véritable *méthode pratique*, sur toutes les branches de l'enseignement élémentaire : La *grammaire la lecture, l'écriture, l'arithmétique, l'histoire, la géographie, le dessin linéaire*, devront se procurer cet ouvrage à Paris chez Vanier, rue des Billettes n° 13 et chez l'auteur de l'*Aart d'enseigner la Grammaire française*, tous les deux rédacteurs de la revue élémentaire.

verbes. Les bons maîtres se montrent heureusement plus empressés d'utiliser un temps si précieux. Il faut faire conjuguer le verbe ÊTRE aux élèves dès qu'ils arrivent aux écoles, il le faudrait pour bien faire dès l'âge de cinq ans; alors ils s'habitueraient de bonne heure à la bonne prononciation, et le maître serait étonné du peu de temps qu'il lui faudrait pour le leur faire apprendre de la manière suivante.

Dans les écoles mutuelles, le maître fera mettre indistinctement au même cercle les enfants qui ne savent pas lire et ceux qui savent lire et écrire; dans les écoles simultanées, il les fera mettre en ligne. Il fera commencer le verbe *être* par le mode infinitif, c'est la racine du verbe; c'est à tort qu'on ne le place souvent qu'à la fin; c'est lui qui forme le verbe dans tous ses temps: c'est donc par l'infinitif qu'on doit commencer.

Le maître fera conjuguer les elèves jusqu'à y compris le *prétérit défini* seulement; chaque élève dira un temps à la fois. Quand on aura fini, on recommencera à *l'infinitif* et jusqu'à ce que le maître soit certain que ses élèves possèdent bien ce temps, il s'en assurera en disant à l'un d'eux : dites le *prétérit défini*, à un autre : dites le *présent de l'indicatif.* On se gardera bien de leur faire aucune définition ni de personne ni de nombre, ni de temps; plus tard les élèves instruits par les faits en donneront eux-mêmes les définitions.

Quand le maître sera certain que ses élèves connaissent bien les trois premiers temps, il leur fera continuer le verbe jusqu'à y compris le *futur passé*, en y ajoutant alors un adjectif des deux genres (1) commençant par une voyelle ou un *h* muet; comme: *être utile*, *être habile*, *être agréable*, *être honnête*, *être affable*, *être humain*, etc.

Le maître surveillera la prononciation et y atta-

(1) On appèle adjectif des *deux genres* ou de *tous genres*, ceux qui finissent par un *e* muet; comme *agréable*, *utile*, *rare*, etc.

cherA des récompenses; l'élève qui y manquera perdra sa place, et celui qui aura le mieux dit en gagnera une. C'est surtout la prononciation des finales des verbes avec la voyelle de l'adjectif qui suit, que le maître devra surveiller; comme : *je sui-z-aimable, elle es-t-aimable, vous ête-z-aimables* etc.

Quand le maître sera convaincu que ses élèves possèdent bien la connaissance de tous les temps jusqu'au *conditionnel*, il fera conjuguer le verbe dans toute son étendue en y ajoutant un adjectif tantôt terminé par un *t* ou par un *d;* comme *prudent grand* etc., tantôt terminé par *f* ou par un *c* comme: *bref, craintif, veuf, caduc, public*, etc., tantôt terminé par *é*, ou *u*, ou *i*, ou *s;* comme *: estimé, rompu, poli, surpris,* tantôt terminé par *teur*, comme *: menteur*, *facteur:* tantôt terminé par *al* comme : *libéral, filial.* etc.

Dans la conjugaison écrite le maître aura soin que les élèves mettent bien l'*e* muet à l'adjectif féminin ; *elle était inquiète*, et le *s* au pluriel: *elles étaient inquiètes.*

Lorsque le maître sera certain que ses élèves possèdent parfaitement bien le verbe ÊTRE ;qu'ils savent faire la différence de tous les temps, il leur fera apprendre le verbe AVOIR par le même procédé, excepté qu'au lieu d'y joindre un adjectif, il y ajoutera un *substantif*, comme *: avoir faim, avoir soif, avoir froid*, etc. (Voyez le tableau modèle chap. 5, p. 38.) De grandes difficultés seront vaincues, lorsque les élèves connaîtront bien ces deux verbes; et le maître s'en convaincra par les questions suivantes :

QUESTIONS. Le maître, à l'élève de droite : dites l'indicatif présent du verbe *être*. Il faut que l'élève réponde, *je sui* S, *tu e* S, *elle es* T, *nous somme* S, *vous ête* S, *elles so* NT, (en prononçant séparément les finales). Au même élève : dites l'indicatif présent du verbe *avoir*. *J'*AI, *tu a* S, *elle* A, *nous av* ONS, *vous av* EZ, *elles o* NT. A l'élève de gauche : dites l'imparfait de l'indicatif du verbe *être*, l'élève répondra : *j'ét* AIS, *tu ét* AIS, *elle ét* AIT, *nous ét* IONS, *vous ét* IEZ, *elles ét* AIENT.

Au même : dites l'imparfait du verbe *avoir* ; ainsi de suite de tous les temps des deux verbes, et toujours en fesant répéter séparément et distinctement la finale de chaque personne. En suite le maître demandera des temps pris dans tous les modes, et toujours en fesant la comparaison du même temps du verbe *être* et de celui du verbe *avoir*, et en fesant remarquer aux élèves que souvent les finales sont les mêmes pour les deux verbes. Enfin le maître dira : dites la 2e personne du singulier de l'imparfait de l'indicatif du verbe *être?* comment l'écririez-vous? puis la même personne du verbe *avoir*; comment l'écririez-vous? Dites la première personne du pluriel du prétérit défini du verbe *être ?* comment l'écririez-vous? dites la même personne du verbe *avoir?* comment l'écririez-vous? Mêmes questions sur tous les temps.

Pour les élèves qui savent écrire, le maître leur fera faire des dictées comme celles qui suivent.

Je suis triste, je suis prudent, je suis dévoué, je suis chéri.

Le maître, après avoir corrigé ces quatre petites phrases, engagera les élèves à les traduire par toutes les personnes du singulier et du pluriel du même temps. Chaque élève devra rappeler son devoir fait de la manière suivante.

Je suis triste, je suis prudent, je suis dévoué, je suis chéri; tu es triste, tu es prudent, tu es dévoué, tu es chéri; Rose est triste, elle est prudente, elle est dévouée, elle est chérie; nous sommes tristes, nous sommes prudents, nous sommes dévoués, nous sommes chéris; vous êtes tristes, vous êtes prudents, vous êtes dévoués, vous êtes chéris; Rose et Ernestine sont tristes, elles sont prudentes, elles sont dévouées, elles sont chéries.

Le maître aura soin de faire faire des exercices semblables sur tous les temps du verbe *être*. IMPARFAIT. J'étais aimable, j'étais étourdi, j'étais grand, j'étais partial. (Faites traduire par toutes les personnes). J'étais soumis, j'étais satisfait, j'étais bon, j'étais aimé, j'étais uni, j'étais original, j'étais rare, j'étais doué.

PRÉTÉRIT. Je fus gai, je fus fatal, je fus gênant, je fus terrible.

PRÉTÉRIT INDÉFINI. J'ai été grossier, j'ai été indocile, j'ai été admiré, j'ai été formel (1).

Le maître aura soin de faire mettre un nom féminin à la 3e personne du singulier, comme *Rose était gaie*; et deux noms féminins à la 3e personne du pluriel, comme *Rose et Ernestine étaient gaies;* que les élèves représenteront ensuite dans la phrase par les pronoms *elle* et *elles*. Les élèves feront des exercices semblables pendant plusieurs jours sur les mêmes temps. Le maître aura soin de varier les adjectifs qui se joignent au verbe être. Quand le maître jugera ses élèves assez exercés sur ces exercices, il leur fera faire ceux qui se trouvent page 55, chapitre 5.

Quand les élèves se seront suffisamment exercés sur le verbe *être* et sur le verbe *avoir*, le maître leur expliquera le *tableau modèle* des quatre conjugaisons (chapitre 5.) Il leur fera conjuguer d'abord oralement un verbe de la 1re conjugaison, de la manière suivante : *je remu* E, *tu remu* ES, *elle remu* E, *nous remu* ONS, *vous remu* EZ, *elles remu* ENT. Le maître demandera aux élèves ce qu'ils auront remarqué sur les finales du présent de l'indicatif. (*Les élèves devront répondre qu'ils ont remarqué que la finale de la* 3e *personne singulière est pareille à celle de la* 1re *personne.*) Il faudra que les élèves fassent cette remarque d'eux-mêmes. Mêmes questions sur chaque temps. IMPARFAIT : je remu AIS, tu remu AIS, il ou elle remu AIT, nous remu ÏONS, vous remu ÏEZ, elles remu AIENT. Toujours en prononçant d'abord le mot entier, comme *je remuais*, puis revenir sur la finale AIS, cela pour les temps simples seulement. Dans la conjugaison écrite, on fera détacher la finale. (Voyez le tableau modèle.)

---

(1) Beaucoup de dictées semblables sont préparées à la page 52 et suivante de l'art d'enseigner.

Lorsque les élèves seront exercés de cette manière pendant quelques jours sur les finales, le maître fera ajouter au verbe un complément, commençant par une voyelle, toujours en fesant bien observer la liaison de la finale du verbe avec la voyelle du complément; ainsi ils prononceront distinctement : *je travaille à la terre, tu travaille-z-à la terre, je cour-z-au galop, elle grandit-en courant, j'écris-à mon père, elle mangeait-un fruit*, etc.; pour la conjugaison écrite, voyez nos exercices, chapitre 5, après la leçon. Le maître s'attachera beaucoup à l'analyse grammaticale; (on trouvera des modèles d'analyse à la fin de chaque partie du discours), pour cela, il devra commencer à faire analyser les premiers exercices sur les *substantifs*, sans parler alors de la fonction que ce Roi de la phrase remplit dans le discours. Un inspecteur de l'université à qui nous empruntons le passage suivant, a très-judicieusement dit, en parlant de la grammaire, l'homme ne doit pas être machine à l'école. Ne faites pas analyser machinalement. Bornez-vous d'abord à faire comprendre le *substantif* et *l'article*, quelques jours plus tard l'*adjectif* et le *pronom*. Quand vos élèves sauront le *verbe*, vous pourrez leur donner de longs détails sur cette partie du discours; et, pour activer leurs études sous ce rapport, vous leur ferez comprendre enfin le *participe*, la *préposition*, l'*adverbe*, la *conjonction* et l'*interjection*.

Lorsqu'ils apprendront la grammaire vous leur expliquerez toujours oralement le contenu de la leçon qu'ils devront répéter. LES ENFANTS NE COMPRÈNENT POINT LA GRAMMAIRE; notez bien ce fait là, il est constant. Peut-être la comprendront-ils, quand vous la leur aurez expliquée d'abord, jamais autrement : encore faut-il une grammaire qui soit à leur portée. (1).

---

(1) M. l'inspecteur sentait bien que nous n'avons guère de bonnes grammaires à la portée des enfants.

En général, pour les écoles populaires, la grammaire n'a d'autre avantage que d'apprendre l'orthographe et de former le raisonnement. La grammaire, on l' a dit, mais on peut le répéter, est la logique du peuple. N'en exigez pas d'autre résultat. Mais que vos élèves sachent l'orthographe. Soyez pour cela d'une exigence pleine et entière : demandez que le *point*, la *virgule*, le *point-et-virgule*, les *deux-points*, *le point d'exclamation* et le *point d'interrogation* y soient; qu'il n'y manque ni *accent grave*, ni *accent aigu*, ni *accent circonflexe*, ni *apostrophe* ; que chaque lettre ou fausse, ou surabondante, ou absente, soit comptée comme faute. Cette exactitude a peu d'importance comme orthographe; mais elle est d'une importance majeure comme moyen d'éducation. J'aime beaucoup les leçons, les dictées, les thêmes, les études d'orthographe. Ces exercices apprènent à faire attention, à réfléchir, à comprendre une faute, à l'éviter, à vouloir s'en corriger. Je vous demande si ce ne sont pas là autant de choses de haute importance. J'y attache un tel prix, dit M. l'inspecteur, que j'ai une horreur invincible pour les fautes d'orthographe, et une horreur bien plus grande encore pour toute indifférence qu'on affecte à cet égard. Dans sa juste indignation contre la méthode la plus subversive, celle des *cacographies*, (1) il s'écrie : je dois condamner ici un

(1) On entend par *cacographie*, des exercices sur l'orthographe dans lesquels on rencontre des milliers de fautes, même dans l'intérieur des mots. Le plus grave défaut de ces ouvrages, le vice capital qui partout y domine, et contre lequel tous les bons esprits ont formellement protesté, c'est précisément l'énorme quantité de fautes grossières qui fourmillent dans chaque page, dans chaque phrase, dans chaque mot. Ne sait-on pas *que l'œil a aussi sa mémoire*, et qu'il ne faut lui offrir que de bons exemples si l'on ne veut pas qu'il deviène un instrument d'erreur? Combien de fois n'avons-nous pas recours nous-mêmes à ce juge souverain des signes graphiques de nos pensées, pour nous assurer qu'un mot est écrit comme il doit l'être, comme nous l'avons vu dans des livres? Pourquoi d'ail-

moyen détestable qu'on emploie dans quelques vieilles écoles; j'entends la *cacographie* ou *l'écriture fautive*, qu'on fait corriger. Je ne conçois rien de plus maladroit, j'allais dire DE PLUS COUPABLE. Quoi! vous ne vous contenterez pas des fautes que feront naturellement vos élèves dans l'intérieur des mots; vous leur en trouveriez; vous leur en supposeriez d'autres; vous les leur dicteriez! vous désireriez leur montrer le bon chemin, et vous les conduiriez auparavant par tous les plus mauvais que vous pourriez imaginer! Autant vaudrait pour leur faire pratiquer la vertu, les faire passer auparavant par tous les vices! cela n'est pas tolérable. *Vous proscrirez la cacographie*, invention déplorable de quelque cerveau malade. Vous ferez autre chose, vous prendrez les devoirs de vos élèves tels qu'ils sont; vous en corrigerez publiquement les fautes, vous rendrez raison des règles qu'ils ont violées; vous ferez des erreurs de quelques uns, des leçons pour tous. Ce sera bien assez de cacographie, il y en aura trop peut-être.

Pour aller un peu au-delà des études d'orthographe, de grammaire et d'analyse grammaticale, vous ferez faire à l'élite de vos élèves *l'analyse logique* des phrases; vous ferez fort bien de suivre assez loin cette curieuse étude. En général, ce que l'analyse logique offre de plus instructif, ce ne sont ni les termes de l'art, ni les formes de la phrase; c'est l'examen des pensées elles-mêmes. Elle conduit là, elle doit y conduire; car l'analyse de la pensée ou de la chose exprimée par la phrase est plus importante que la décomposition de la forme logique. On ne s'i-

---

leurs présenter comme fausse l'orthographe des mots dont la figure n'est pas d'accord avec la prononciation? N'en avons-nous pas des milliers qui s'écrivent autrement qu'ils se prononcent? Les esprits judicieux n'ont pas tardé à faire justice d'une telle méthode, qui nécessitait une forte dépense aux pères de famille et une perte de temps aux élèves; car pour faire de la cacographie, il faut un bon dictionnaire, et passer beaucoup de temps à la recherche des mots, et ce dernier défaut n'est pas le moindre.

magine pas combien cette analyse des choses est nécessaire et indispensable. (1)

Pour entrenir une heureuse émulation parmi les élèves, il faut que le maître partage sa classe en plusieurs divisions, que les élèves qui font partie de la même division soient à peu près de force égale; qu'il ait soin de faire faire une composition par semaine sur chaque branche d'enseignement, et une grande composition tous les premiers de chaque mois: que pour distinction le premier de chaque division soit nommé CORRECTEUR, si la division était forte on en nommerait deux.

Cette distinction de CORRECTEUR éveille l'amour-propre des élèves, elle ne s'accorde qu'au premier ou au deux premiers de chaque division. Les *correcteurs* sont d'un grand secours pour le maître, qui peut, après avoir corrigé leurs devoirs à haute voix devant la division, leur avoir signalé les fautes qu'ils ont faites, les charger de corriger à leur tour les devoirs de leur division. Le maître les rend responsables de fautes qu'ils oublieraient. Pour s'assurer si les devoirs que les correcteurs ont corrigés l'ont été régulièrement, le maître exigera qu'ils fassent une croix au-dessus de chaque faute où l'orthographe serait viciée, et que le total des fautes du devoir soit marqué au bas de ce dernier. Les *correcteurs* apporteront sur le bureau du maître les devoirs qu'ils auront corrigés, le maître en prendra un au hazard et le vérifiera, si le correcteur y a laissé des fautes, il sera contraint de remettre au net, pendant la récréation, le devoir où il se trouverait des fautes. Les deux meilleurs devoirs de chaque division seront récompensés de chacun un bon point, et les deux plus mauvais seront remis au net pendant la récréation. Le maître tiendra note de ces devoirs sur un registre à ce destiné.

---

(1) Voyez mon traité d'analyse logique raisonnée. Prix, 1 fr., chez A. DELALAIN, rue des Mathurins St-Jacques, n° 5, à Paris.

PRÉFACE.

CET ouvrage n'est ni le fruit de longues veilles, ni le résultat de profondes méditations : persuadé qu'en général nos grammaires pêchent par la multiplicité et l'ambiguité des règles, l'océan des exceptions et surtout par le mauvais choix des exemples cités pour faire parade d'érudition plutôt que gradués et mis à la portée de l'enfance; je cherchai dans la capitale d'habiles maîtres, des grammairiens philosophes qui pussent m'éclairer sur l'art si précieux et malheureusement si peu connu de la *didactique*. C'est à l'école des *Pestalozzi*, des *Darjou*, des *Marrast*, des *Vanier*, des *Lemare*, des *Boniface*, tous ennemis de la routine et des préjugés que j'ai formé ma *méthode*; c'est, pénétré des principes des *Domergue*, des *Dumarsais*, des *Condillac*, des MM. *de Port-Royal*, que j'ai mis en première ligne la *méthode pratique*.

Aujourd'hui que les bons esprits reconnaissent que les meilleures *Grammaires théoriques*, celles mêmes qui sont débarrassées des termes techniques et d'une foule de règles et d'exceptions trop souvent inutiles, et toujours mal saisies par l'œil rebuté de l'enfant; qu'on sent enfin le besoin de sortir du sentier trop rebattu de la routine, je publie une véritable *grammaire pratique* qui promet d'immenses avantages à ceux qui la mettront en usage : avec elle, il ne faudra plus qu'un seul livre élémentaire pour faire faire aux enfans toutes les études orthographiques, puisqu'elle renferme tout à la fois *les règles de la grammaire, des exercices français gradués, des analyses grammaticales* graduées sur ces mêmes règles, et qui en sont le flambeau, une *nouvelle manière d'enseigner la conjugaison*, un *traité du participe* et un du *subjonctif*, avec *des exercices sur les homonymes* et sur les *règles de la syntaxe*, et le tout renfermé dans un seul volume. L'enfant n'aura donc plus besoin d'avoir toujours autour de lui une demi-douzaine de livres élémentaires qui le dégoutent vraiment des études; et les parents gagneront beaucoup, puisqu'un seul ouvrage d'un prix si modique en remplacera six d'une dixaine de francs; ce qui le rend *populaire*.

A l'aide de ma *méthode pratique*, cent élèves, pendant une séance d'une heure (et c'est le moins que l'on puisse consacrer tous les jours à l'étude de la langue maternelle), recevront une bonne leçon d'orthographe et d'analyse où ils s'instruiront en se divertissant; car elle met sans cesse les enfants en rapport avec eux-mêmes; elle les oblige à des devoirs réciproques, et les rend étrangers à la dissipation; elle les habitue au travail, par la connaissance qu'ils acquièrent tous les jours des progrès qu'ils font; enfin elle leur fait contracter la bonne habitude de raisonner leurs devoirs et les empêchent d'être des *réciteurs de mots*.

Le maître trouvera dans cet ouvrage un guide certain qui lui fera gagner beaucoup de temps, puisque les devoirs sont préparés pour tous les jours. Il trouvera aussi une foule de procédés qui facilitent les explications, qui abrègent le travail, qui fécondent l'intelligence des élèves, et qui gravent profondément dans leur mémoire l'instruction communiquée.

Je ne m'étendrai pas sur les avantages de la *méthode pratique*, je sais, qu'avec raison, le public, trop souvent trompé par des phrases sonores, ne s'en rapporte pas toujours aux préfaces, et je l'en félicite. J'en appèle aux gens sensés qu'aucun préjugé n'aveugle, aux amis de l'enfance et de l'instruction, et je les invite à s'armer du flambeau de la logique et à lire les premiers chapitres de l'ART D'ENSEIGNER LA LANGUE FRANÇAISE; c'est la meilleure préface que je puisse leur donner.

En 1831, je me proposais de publier ma *méthode pratique* dans un journal, *la Revue élémentaire*, que je voulais fonder; j'en soumis le plan au ministre de l'instruction publique qui m'écrivit la lettre ci-jointe :

MINISTÈRE DE L'INSTRUCTION PUBLIQUE.

1re DIVISION N° 26231.

A Monsieur MARTIN, *Instituteur.*

MONSIEUR, j'ai pris communication de la lettre que vous m'avez écrite et du prospectus d'un nouveau journal, *spécialement destiné à l'Instruction primaire.*, que vous vous proposez de publier sous le titre de *Revue élémentaire.*

Le gouvernement ne peut que voir avec plaisir *tout ce qui tend à propager et à améliorer l'instruction primaire*, et une entreprise comme la vôtre, conçue dans les vues que vous exprimez, est digne sans doute de tout son intérêt. Je donne des ordres pour que les renseignements dont vous aurez besoin soient mis à votre disposition dans les bureaux.

Recevez, Monsieur, l'assurance de ma parfaite considération.

Le Ministre de l'Instruction publique,

Signé BARTHE.

COPIE d'un certificat délivré par les autorités du bourg de Crécy-sur-Serre, constatant les résultats obtenus, en QUATRE MOIS, *par la méthode pratique.*

Nous soussignés, maire, adjoint, juge de paix et membres du conseil municipal du bourg de Crécy-sur-Serre (Aisne), certifions qu'ayant été invités par M. Ch. Martin, fondateur et rédacteur du journal de l'Instruction publique la *Revue élémen-*

taire, pour assister à l'examen des élèves du pensionnat qu'il a fondé en cette commune, et afin de constater les résultats de sa *nouvelle méthode*, nous n'avons pas été peu surpris des progrès vraiment étonnants qu'a obtenus ce professeur sur des enfants de *cinq à six ans*, qui, à notre pleine connaissance, et comme il a été constaté par les parents eux-mêmes, n'avaient aucune connaissance de *lecture* il y a *quatre mois*, et qui, ont non-seulement *lu couramment* en notre présence des phrases prises au hasard, mais qui ont encore, à notre grand étonnement, *analysé grammaticalement* et *orthographié par principes* des phrases que nous leur dictions, en expliquant d'une manière nette et précise pourquoi tel mot est un substantif propre ou commun; tel autre un adjectif qualificatif ou déterminatif; tel autre enfin un pronom ou un verbe, et comment ces mots s'accordent les uns avec les autres, distinguant clairement la *nature* et la *fonction* de chaque partie du discours. La netteté et la hardiesse de l'écriture de ces mêmes enfants ne nous ont pas moins surpris. L'examen a aussi prouvé que des enfants de *dix à douze ans* ont fait des progrès non moins étonnants dans la *grammaire raisonnée*, *l'histoire*, la *géographie*, *l'arithmétique* et le *dessin linéaire*. Le degré d'instruction des élèves que nous a présentés cet habile professeur, sortis de chez leurs parens, il y a *quatre mois*, n'ayant aucune notion, les uns de lecture, les autres de grammaire, est le plus bel éloge que l'on puisse faire de la *méthode Martin*.

Le conseil, persuadé que l'instruction populaire est maintenant la base la plus certaine du bonheur social, fait des vœux pour la propagation d'une *telle méthode*.

Donné en séance, à l'hôtel-de-ville, le 6 mai 1832.

CHATELAIN, CHEVALIER, RICHE, VAIRON, VOREAU, CILLIER, LEBÉE, PAMART, LÉCUYER, HOUDIN, PARANT, BAUGER, LEFÈVRE, *juge de paix, membre du comité* MICHEL-WAFFLARD, *adjoint, membre du comité, et* LHOTE, *maire, président du comité de l'Instruction publique*.

AVIS IMPORTANT.

Pour bien apprécier cet ouvrage et pouvoir s'en servir avantageusement, il faut avoir la seconde partie, celle de l'élève, intitulée la GRAMMAIRE POPULAIRE.

Ouvrages du même Auteur.

LE NOUVEAU MANUEL COMPLET DES ÉCOLES PRIMAIRES, contenant, 1° les règles de la langue française; 2° un traité d'analyses; 3° un traité de la conjugaison; 4° un traité des participes; 5° un traité du subjonctif. Prix, 1 f. 75 c.

L'INDISPENSABLE DES ÉCOLES PRIMAIRES avec un Programme de 600 questions sur la langue française. Prix, 2 fr. 25 c.

UN TRAITÉ D'ANALYSE GRAMMATICALE raisonnée. Prix, 75 centimes.

UN TRAITÉ D'ANALYSE LOGIQUE raisonnée. Prix, 75 c.

LE VOLEUR GRAMMATICAL, ou DICTIONNAIRE DES DIFFICULTÉS DE LA LANGUE FRANÇAISE, ouvrage ou plus de 3000 difficultés sont traitées par ordre alphabétique. Prix, 2 fr.

Chez DELALAIN, rue des Mathurins Saint-Jacques, n° 5, à Paris.

L'ART D'ENSEIGNER
LA
GRAMMAIRE FRANÇAISE,
SUIVANT LE SYSTÈME DES ÉCOLES-MODÈLES.

PREMIÈRE PARTIE.

INTRODUCTION.

Première Leçon.

POUR *parler*, comme pour *écrire*, on emploie des mots qui sont composés de lettres.

1. Il y a deux sortes de lettres : les *voyelles* et les *consonnes*.

2. Les voyelles sont : *a*, *e*, *i*, *o*, *u* et *y*. Elles sont appelées *voyelles*, parce que *seules*, elles forment une *voix*, un *son*.

3. Les consonnes sont : *b*, *c*, *d*, *f*, *g*, *h*, *j*, *k*, *l*, *m*, *n*, *p*, *q*, *r*, *s*, *t*, *v*, *x*, *z*. Elles sont appelées *consonnes*, parce qu'elles ne forment un *son* qu'avec la réunion d'une ou de plusieurs voyelles.

4. Il y a trois sortes d'*e* : l'*e* muet, qui ne se prononce que faiblement, ou ne se prononce pas, comme dans *paiement*, *rue*, *jalousie* ; l'*e* fermé, qui se prononce la bouche presque fermée, comme dans *bonté*, *décédé*, *végété* ; l'*e* ouvert, qui se prononce la bouche presque ouverte, comme dans *mère*, *succès*, *procès*.

NOTA. *Le maître questionnera les élèves sur les voyelles et sur les consonnes ; il les invitera à citer des mots où se trouve, soit un* e *muet, soit un* é *fermé, soit un* è *ouvert.*

Chaque leçon doit être précédée d'une explication sur les règles qu'elle renferme.

2me *Leçon.*

5. L'Y s'emploie tantôt pour un *i* simple, tantôt pour deux *ii.* L'Y s'emploie comme un *i* simple, quand il est placé au commencement des mots, comme dans *yeux*, ou quand il est placé entre deux consonnes, comme dans *hymen*, *hypocrite*. Y s'emploie comme deux *ii*, quand il est placé entre deux voyelles : *envoyer*, *payer*, *rayon*, excepté *pays*, *paysage*, etc.

6. H est tantôt muet et tantôt aspiré. *H* est muet quand il n'ajoute rien à la prononciation de la voyelle suivante : *l'homme*, *l'honneur ;* H est aspiré quand il fait prononcer du gosier la voyelle qui suit : la *honte*, et non pas *l'honte ;* Le *hibou*, et non pas *l'hibou.*

7. On dit : *des haricots*, *des hannetons*, et non pas comme s'il y avait : *dé-zaricots, dé-zannetons.* On dit : *un n'heureu hasard*, et non pas : *un heureu zazard.*

NOTA. *Le maître expliquera aux élèves que quand l'y est placé entre deux voyelles, il se divise en deux branches ; une pour la voyelle de* gauche, *et une pour la voyelle de* droite, *et forme deux* i. *Il devra expliquer la distinction et la prononciation du* h *muet et du* h *aspiré.*

3me *Leçon.*

8. Les voyelles sont *longues* ou *brèves*. Les voyelles *longues* sont celles sur lesquelles on appuie plus long-temps que sur les autres en les prononçant.

9. Les voyelles *brèves* sont celles sur lesquelles on appuie moins long-temps. Exemples :

A est long dans *plâtre* et bref dans *cravate ; e* est long dans *tête* et bref dans *muette ; i* est long dans *épître* et bref dans *titre ; o* est long dans *impôt* et bref dans *dévot ; u* est long dans *flûte* et bref dans *hutte.*

10. Les voyelles sont quelquefois surmontées de

petits signes qu'on appèle *accents*, et qui servent à indiquer un changement de prononciation.

11. Il y a trois accents : l'accent *aigu*, se met sur l'*é fermé* : PRÉMÉDITÉ ;

12. L'accent *grave*, se met sur l'*è ouvert* : PÈRE, ACCÈS ;

13. L'accent *circonflexe*, se met sur les voyelles longues : APÔTRE.

14. Les mots se partagent en autant de syllabes qu'on fait entendre de *sons*. *Roi*, *bon*, *chou*, *loi* ont chacun une syllabe. *Pro-bi-té* en a trois ; *pré-mé-di-té* en a quatre.

15. Il y a dans la langue française dix espèces de mots qu'on appèle les *parties du discours* : le *nom* ou *substantif*, l'*article*, l'*adjectif*, le *pronom*, le *verbe*, le *participe*, la *préposition*, l'*adverbe*, la *conjonction* et l'*interjection*.

NOTA. *Le maître s'attachera à bien démontrer les différentes sortes d'accents ; la différence de prononciation qu'il y a entre* liberté *et* décès. *Il fera citer aux élèves des mots d'une, de deux ou de trois syllabes.*

CHAPITRE PREMIER.

4me *Leçon.*

DU NOM OU SUBSTANTIF (1).

16. Tout mot auquel on peut joindre une *qualité* ou un *défaut*, comme *grand*, *petit*, *bon*, *mauvais*, *beau*, *belle*, *noir* ou *blanc* est un *substantif*.

---

(1) *Substance* veut dire *chose qui tombe sous les sens, qui a une existence propre, qui se tient sous une apparence quelconque.* Le maître pourra donc dire aux élèves : tout ce que vous pouvez voir ou toucher est *substantif*.

Ce *discours* te surprend, *docteur*, je l'aperçois,
L'*homme* de la *nature* est le *chef* et le *roi* :
Bois, *prés*, *champs*, *animaux*, tout est pour son *usage*,
Et lui seul a, dis-tu, la *raison* en *partage*.
Il est vrai de tout *temps* la *raison* fut son *lot* ;
Mais de là je conclus que l'*homme* est le plus sot.

Le maître prouvera aux élèves que discours *est un* substantif, *parce qu'on peut lui ajouter une qualité*, comme discours SAVANT; *que* docteur *est un* substantif, *parce qu'on peut dire* GRAND *ou* PETIT docteur; homme *est un* substantif, *parce qu'on peut dire* homme BON *ou* MÉCHANT; nature *est un* substantif, *parce qu'on peut dire* BELLE nature; chef *est un* substantif, *parce qu'on peut dire* BON *ou* MAUVAIS chef; roi *est un* substantif, *parce qu'on peut lui ajouter une qualité*, *comme* GRAND roi, *ou un défaut*, *comme* MÉCHANT roi.

Même raisonnement pour bois, prés, champs, usage, raison, partage, etc.

EXERCICES SUR LE SUBSTANTIF.

Le maître écrira sur le tableau noir le passage suivant, en soulignant les substantifs (1).

O bienfait d'une *mère*, inaltérable *empire* !
Elle aime son *enfant*, même avant qu'il respire. ....
Quand la *raison* précoce a devancé son *âge*,
Sa *mère* la première épure son *langage*.
De *mots* nouveaux pour lui, par de courtes *leçons*,
Dans sa jeune *mémoire*, elle imprime les *sons*,
L'applaudit doucement et doucement le blâme,
Cultive son *esprit*, fertilise son *âme*,
Et fait luire en son *œil*, encore faible et tremblant,
De la *religion* le *flambeau* consolant.

Il y a seize substantifs dans ce passage de la tendresse maternelle, *le maître s'attachera à prouver aux*

(1) Il faut que le tableau noir ait 5 pieds carrés ou 4 au moins ; c'est une petite dépense dont on n'apprécie pas assez l'utilité. En lisant des phrases sur le tableau noir, soit *analyse*, soit *thème*, etc., l'enfant s'habitue à lire les manuscrits. A l'aide de ce tableau, 30, 40 élèves peuvent suivre le même cours.

élèves que ces substantifs sont quelquefois joints à des mots qui leur donnent un qualité où qu'on peut les y joindre. Il leur fera répéter ensemble la règle n° 16 sur le substantif : Tout mot auquel, etc.

Or, *bienfait* est un substantif, puisque je puis dire GRAND *bienfait; mère* est un substantif, puisque je puis dire BONNE *mère*. Même raisonnement sur les autres substantifs *enfant, raison, âge*, etc.

5me *Leçon.*

17. Il y a deux sortes de substantifs; le substantif *commun* et le substantif *propre :*

18. Le substantif *commun* s'applique indifféremment à toutes les choses de la même espèce, *brebis, ville, village, rivière, montagne, homme, femme, jardin, fruit, sucre, table, plume, canif,* sont des substantifs *communs*. Le mot *brebis* est commun à toutes les *brebis;* le mot *ville* est commun à toutes les *villes ;* le mot *village est* commun à tous les *villages ;* le mot *fruit* est commun à tous les *fruits*, etc.

19. Le substantif *propre* ne convient qu'à une seule personne ou à une seule chose; il sert à distinguer cette personne ou cette chose de toutes les autres personnes ou de toutes les autres choses.

Paris, César, Seine, France, Pyrénées, Bossuet, Voltaire, Bonaparte sont des substantifs propres; *Paris* est un substantif *propre*, 1°. parce qu'il sert à distinguer cette ville des autres villes. 2°. parce que ce nom ne convient qu'à une seule ville appelée *Paris*. *Bossuet* est un substantif *propre*, 1°. parce que ce nom ne convient qu'à un seul homme appelé *Bossuet*, 2°. parce qu'il sert à distinguer cet homme de tous les autres hommes. Même raisonnement sur les mots *César, Seine, France, Pyrénées, Voltaire, Bonaparte.*

2° La première lettre des substantifs propres doit toujours être une majeure.

NOTA. *Le maître s'appliquera à bien faire sentir aux*

élèves la différence qu'il y a entre le substantif commun *et le substantif* propre. *Il prouvera, par exemple, que le mot* Rome *ne convient qu'à une seule ville appelée* Rome, *tandis que le mot ville convient à toutes les* villes, *grandes ou petites.*

6me *Leçon.*

EXERCICES SUR LES SUBSTANTIFS.

Le maître écrira sur le tableau noir des phrases prises dans le fablier de La Fontaine ou plutôt encore dans le Télémaque; il invitera les élèves qui savent lire, à souligner les substantifs. Pour ceux qui ne savent pas lire, il leur citera oralement de petites phrases tronquées dans lesquelles il fera entrer des substantifs connus des enfants, comme le curé de Versailles; le roi de Prusse; les superbes montagnes de la Suisse; le grand palmier des Indes; le prêtre vénérable du village; le frère et la sœur affables, etc. *Il engagera ses petits élèves à dire quel est le mot qui est substantif? S'il est propre ou commun? Lorsque le maître sera convaincu que les élèves savent distinguer le substantif des autres parties du discours (ce qui ne demandera que trois ou quatre leçons au plus), il leur fera apprendre les règles suivantes :*

21. Il y a deux genres dans les substantifs : le *masculin* et le *féminin*. Les substantifs qui représentent des êtres *mâles* sont du genre masculin : le *père*, le *cheval;* les substantifs qui représentent des êtres *femelles* sont du genre *féminin :* la *mère*, la *jument.*

22. Tout substantif avant lequel on peut mettre le mot *le* ou le mot *un* est du genre *masculin*. Or, *livre* est du masculin; car je puis dire LE *livre* ou UN *livre*. Faites le même raisonnement sur les substantifs *soldat*, *officier*, *lion*, *renard*, *mouton*, *chien*, *château*, *étang*, *champ*, etc.

23. Tout substantif avant lequel on peut mettre un des mots *la* ou *une* est du genre féminin. Or, *plume* est du genre *féminin;* car je puis dire LA ou UNE *plume*. Faites faire le même raisonnement sur

les substantifs *femme*, *lionne*, *maison*, *ville*, *rivière*, *prune*, *liqueur*, *innocence*, *éternité*, etc.

7me *Leçon.*

24. Il y a deux nombres dans les substantifs : le *singulier* et le *pluriel*.

25. Tout substantif qui n'exprime qu'un *seul objet*, est au *singulier*, comme le *père*, la *mère*, la *cour*, le *jardin*, la *maison*. Le PÈRE est au singulier, parce qu'il n'exprime qu'un *seul père*. Même raisonnement sur *cour*, *maison*, etc.

26. Tout substantif qui exprime *plusieurs objets*, est au *pluriel*, comme *les pères*, *les mères*, *les jardins*, *les maisons*, *les champs*, etc. Quand je dis *les pères*, PÈRES est au *pluriel* parce que ce mot exprime *plusieurs pères*. Même raisonnement sur *mères*, *jardins*, etc.

Le maître fera expliquer aux élèves le singulier et le pluriel de plusieurs substantifs ; les enfants devront citer des exemples.

27. Pour distinguer qu'un substantif est au pluriel, on ajoute un *s* à la fin : *un roi*, *des rois*, *une rose*, *des roses*, *le canif*, *les canifs*.

REMARQUE. Les mots *le*, *un*, *ce*, *ma*, *ta*, *sa*, annoncent le *singulier*. Les mots *les*, *des*, *ces*, *mes*, *tes*, *nos*, *vos*, annoncent le *pluriel*.

NOTA. *Le maître écrira sur le tableau noir les substantifs ci-après ; les élèves les copieront sur leur cahier ou sur l'ardoise en les traduisant par le* pluriel. *Quand le substantif sera* masculin, *les élèves ajouteront un* m *après le substantif ; quand il sera féminin, ils ajouteront un* f. *Le prince* m, *la princesse* f, *le roi* m, *la reine* f, *le château* m, *la cabane* f, *la rivière* f.

C'est en faisant de semblables exercices que les enfants apprendront bien le genre et le nombre, en même temps qu'ils se familiariseront avec l'orthographe des mots ; mais il faudra bien se garder de mettre toujours un masculin et un féminin de suite. Le maître fera faire des exercices analogues pendant plusieurs jours, il se gardera bien d'y mêler des substantifs terminés par s, z *ou* x, *ou par* al, au, ou. *Quand il se trouvera un substantif propre dans l'exercice, l'élève mettra un* p *avant le* m *ou le* f.

EXERCICE-MODÈLE.

Le loup, la louve, le chien, la chienne, la prairie, une promenade, le coq, le mouton, la Russie, la Pologne, le village, le hameau, la ville, la canne, le ballon, le rosier, la rose, la prune, le fruit, la classe, la table, une chambre, un chemin, un corbeau.

8me *Leçon.*

EXCEPTIONS A LA FORMATION DU PLURIEL DANS LES SUBSTANTIFS.

28. Les substantifs terminés au singulier par *s*, *z* ou *x* s'écrivent au singulier comme au pluriel : le *bras*, les *bras* le *puits*, les *puits*, le *riz*, les *riz*, le *nez*, les *nez*, le *crucifix*, les *crucifix*, la *noix*, les *noix*.

29. On forme le pluriel dans les substantifs terminés par *eau*, *au*, *eu*, en ajoutant un *x :* le *mart*EAU, les *mart*EAUX, le *tuy*AU, les *tuy*AUX, le *li*EU, les *li*EUX.

30. Six substantifs seulement terminés par *ou* exigent un x au pluriel, les voici : *chou*, *caillou*, *genou*, *pou*, *verrou* et *hibou :* un *chou*, des *choux*, un *caillou*, des *cailloux*. Les autres substantifs terminés en *ou* suivent la règle générale : un *clou*, *des clous*, un *fou*, des *fous*, un *bijou*, des *bijous*, un *licou*, des *licous*.

31. On forme le pluriel dans les substantifs terminés par *al*, *ail* en changeant *al* ou *ail* en *aux* et jamais en *eaux :* un *mal*, des *maux*, le *tribunal*, les *tribunaux*, un *émail*, des *émaux*, le *corail*, les *coraux*. Mais *bal*, *carnaval*, *régal*, *détail*, *portail*, *éventail*, *attirail*, *poitrail*, *sérail* s'écrivent avec un *s* au pluriel.

NOTA. *Le maître écrira sur le tableau noir des exercices semblables à ceux ci-après; les élèves les traduiront par le pluriel, toujours en mettant un* m *après le substantif* masculin, *et un* f *après le substantif* féminin; *de cette manière, ils feront de l'analyse* (1).

PREMIER EXERCICE. La maison, le château, le soldat, le général, le chou, le fou, le tuyau, le matelas, le crucifix, le palais, le levier, le bocal, le soupirail, le cristal, le fromage, un potage, un bouquet, une fleur, une rose, le régal, le piquet, la garde, un village, une ville, la rivière, le ruisseau, le feu, le papier, la plume, le levreau.

DEUXIÈME EXERCICE. Le moulin, la glace, le bureau, une pendule, le caporal, le détail, un fleuve, une montagne, le verrou, le poitrail, un lac, une mère, la côte, la poule, le puits, le cardinal, un serpent, une brebis, le fils, la fille, une perdrix, le juge, la main, le pied, un bœuf, une vache, le frère, la sœur, le feu, la cendre, une poire, le vin, le discours, le caillou, le matou, le hibou.

TROISIÈME EXERCICE. Le corail, le cheval, un berger, un couteau, une table, le feu, un signal, le licou, le pou, le sapajou, le canal, le bal, un éventail, un neveu, une nièce, un amiral, le boyau, le bois, le milieu, le camail, le roi, une reine, un parent, un ami, le canard, le libéral, le hibou, le jour, le fruit, une pêche, le raisin, le trou, le moineau.

QUATRIÈME EXERCICE. Un attirail, le fléau, le daim, le poitrail, le bail, la bataille, la caille, l'agneau, le courroux, le houx, le fourneau, le frère, le clystère, le mystère, l'écrivain, le peintre, le boulanger, le coucou, la perdrix, le crucifix, l'horloger, le boutiquier, le fuseau, le licou, le télégraphe, le fourneau, le matou, le capital, le principal, le bancal.

---

(1) Si le maître n'avait pas de tableau noir, et ce serait chose à déplorer, il fera partager le cahier de chaque élève en deux parties; sur la marge de gauche on écrira le singulier, et sur la colonne de droite, le pluriel.

Le maître aura soin de faire précéder chaque exercice d'une explication sur les différentes règles et sur les exceptions du pluriel dans les substantifs. Après l'exercice, il fera les questions suivantes : pourquoi écrivez vous les moissons avec un s*? Pourquoi écrivez vous les châteaux avec un* x*? Pourquoi écrivez-vous des généraux par* aux*? Pourquoi n'ajoutez-vous pas un* s *au pluriel de crucifix? etc. Le maître fera des questions semblables tous les jours après l'exercice corrigé.*

CHAPITRE DEUXIÈME.

9me *Leçon.*

DE L'ARTICLE.

32. Tout mot qui est placé avant un substantif pour marquer qu'il s'agit d'*un* ou de *plusieurs* objets est ARTICLE.

Le cheval est *un* être très-essentiel *aux* hommes, *ses* qualités sont infinies.

Le est placé avant le substantif *cheval*, pour marquer qu'il s'agit *d'un seul* cheval ; donc LE est article. *Un* est placé avant le substantif *être*, pour marquer qu'il s'agit *d'un seul* être; donc UN est article. *Aux* est placé avant le substantif *homme*, pour marquer qu'il s'agit de *plusieurs* hommes; donc AUX est article. *Ses* est placé avant le substantif *qualités*, pour marquer qu'il s'agit de *plusieurs* qualités; donc SES est ar-article (1).

(1) Je considère les adjectifs possessifs et les démonstratifs comme de véritables articles, parce qu'ils remplissent les mêmes fonctions : en cela je suis d'accord avec plusieurs grammairiens judicieux. Quad je dis : *mon* chapeau, *votre* maison, *tes* livres, c'est comme si je disais : LE chapeau de moi, LA maison de vous, LES livres de toi.

TABLEAU DES ARTICLES.

33. Le, la, les, simples 34. Du des, au, aux, composés	déterminatifs.
35. Ce, cet, cette, ces,	démonstratifs.
36. Mon, ma, mes, ton, ta, tes, son, sa, ses, notre, votre, nos, vos, leur, leurs.	possessifs.
37. Un, deux, trois, quatre, cinq, six, etc.,	numériques.
Quelque, plusieurs, maint, aucun, certain, tel, quel, lequel, laquelle, tout, toute, chaque, chacun.	déterminatifs.

10me *Leçon.*

38. PREMIÈRE REMARQUE. Au lieu de dire la chaleur *de le* soleil, on dit la chaleur *du* soleil. On dit aussi : aller *au* village, pour aller *à le* village ; la piété *des* hommes, pour la piété *de les* hommes ; parler *aux* enfants, pour parler *à les* enfants. *Du, des, au, aux* sont donc des articles *contractés* ou *composés*.

39. DEUXIÈME REMARQUE. Si le mot qui suit *le* ou *la* commence par une voyelle ou par un *h* muet, on supprime *e* dans l'article *le* et *a* dans l'article *la*, et l'on y substitue une apostrophe (l'). On dit : *l'ange*, *l'amitié*, *l'homme*, et non : *le ange*, *la amitié*, *le homme*.

40. TROISIÈME REMARQUE. *Mon*, *ton*, *son*, s'emploient pour *ma*, *ta*, *sa*, quand le mot féminin qui suit commence par une voyelle ou par un *h* muet. On dit : *mon épée*, pour *ma épée ; ton âme*, pour *ta âme ; son enfance*, pour *sa enfance*.

41. QUATRIÈME REMARQUE. On ajoute un *t* à *ce* avant une voyelle ou un *h* muet : *cet oiseau*, *cet or*, *cet homme*.

EXERCICES SUR LE SUBSTANTIF ET SUR L'ARTICLE *à faire traduire par le pluriel après avoir fait corriger les fautes sur l'article.*

PREMIER EXERCICE. Le château du seigneur, le réfuge du malheureux, le chef du gouvernement, l'homme de la nature, le fanal de notre port, le vaisseau de l'amiral, le filou de la société, les beautés du pays, l'ami du prince, le palais du roi, la maison de la reine, le légume du jardin, le pays du bas-empire, le tambour du régiment.

DEUXIÈME EXERCICE. La vie du monarque, le portail de l'église, le puits du village, le détail de la fête, le cou du sapajou, le soupirail de la cave, l'ami de mon héroïne, le sujet de ton humeur, le bijou du marchand, la voix de l'enfant, le cri de l'humanité, le troupeau du berger, le clou de la porte, le poisson de l'étang, le taureau de l'étable.

NOTA. *Le maître fera faire des exercices analogues jusqu'à ce qu'il soit certain que ses élèves sont assez forts sur la formation du pluriel des substantifs et de l'article. Ces exercices devront être écrits sur le tableau noir comme ils le sont dans la* Grammaire Populaire, *il serait bon de les faire copier d'abord au singulier, pour familiariser les enfants sur les règles de l'article, ensuite on les fera traduire par le pluriel.*

Le maître commencera par faire analyser sur le tableau noir de la manière suivante :

Le	Article simple masculin singulier.
chantre	Substantif commun masculin singulier.
du	Article composé, pour de le, masc. sing.
village.	Substantif comm. masculin singulier.

Faites analyser de même toutes les phrases contenues dans les deux exercices ci-dessus, en prévenant les élèves que de *est un mot invariable.*

CHAPITRE TROISIÈME.

11me *Leçon.*

DE L'ADJECTIF.

42. Tout mot qui donne une qualité à un autre mot, et qu'on peut placer après IL EST TRÈS. . . . . est un adjectif (1).

> Que le seigneur est *bon !* que son joug est *aimable !*
> *Jeune* peuple, courez à ce maître *adorable.*

BON est un adjectif, 1°. parce qu'il donne une qualité au substantif *seigneur*, 2°. parce qu'on peut dire : IL EST TRÈS- *bon.* AIMABLE est un adjectif, 1°. parce qu'il donne une qualité au substantif *joug*, 2°. parce qu'on peut dire : IL EST TRÈS- *aimable.*

NOTA. *Le moyen que nous avons donné pour connaître le substantif préparait l'enfant à la connaissance de l'adjectif. Nous avons dit :* tout mot qui peut recevoir une qualité ou un défaut, est un SUBSTANTIF ; *maintenant nous disons :* tout mot qui donne une qualité au substantif est un ADJECTIF.

Pour rendre encore plus sensibles aux enfants ces deux premiers rapports de grammaire, le substantif *et l'*adjectif, *prenez un objet quelconque ; une* pomme *ou une* poire, *dites leur : cette pomme que vous voyez est un* être, *une* chose, *et par conséquent un* substantif ; *ce substantif, comme tous les autres* a des qualités qui lui sont propres, *savoir :* il *est* rond, jaune, dur, amer *ou* sucré ; *ces mots* rond, jaune, dur, amer, sucré *sont des* adjectifs, *c'est-à-dire sont joints au substantif* pomme.

(1) Les mots *bien, mal, loin, près* forment exception.

Le maître écrira sur le tableau noir des phrases analogues à celles ci-après ; il exigera que les élèves soulignent les substantifs une fois ——, l'article, deux fois ═══ et l'adjectif en zig-zag ∿∿∿∿, comme : les enfants sont pour la plupart hautains, paresseux, intempérants et menteurs. Après que les enfants auront souligné les mots, le maître leur fera les questions suivantes : pourquoi les *est-il article? Pourquoi* enfants *est-il substantif? Pourquoi* hautains, paresseux, *etc., sont-ils adjectifs?*

Le maître fera souligner les substantifs, les articles et les adjectifs des passages suivants :

1°. Les Tyriens sont industrieux, patients, laborieux, propres, sobres et ménagers ; ils ont une exacte police, ils sont parfaitement d'accord entre eux ; jamais peuple n'a été plus constant, plus sincère, plus fidèle, plus sûr, plus commode à tous les étrangers.

2°. Ce vieillard avait un grand front chauve et un peu ridé ; une barbe blanche pendait jusqu'à sa ceinture, sa taille était haute, majestueuse ; son teint encore frais et vermeil, ses yeux vifs et pénétrants, sa voix douce, ses paroles simples et aimables, jamais je n'ai vu un si vénérable vieillard.

Le maître fera faire des exercices semblables pendant plusieurs jours ; il fera observer aux élèves que le substantif désigne toujours un être *et qu'il peut recevoir une qualité, tandis que l'adjectif la lui donne.*

12me *Leçon.*

43. Tout adjectif qui qualifie un substantif *masculin* est au masculin. Tout adjectif qui qualifie un substantif *féminin* est au féminin. Tout adjectif qui qualifie un substantif *singulier* est au singulier. Tout adjectif qui qualifie un substantif *pluriel* est au pluriel.

44. La réponse à la question QUI EST appliquée à un adjectif, indique le mot auquel l'adjectif se rapporte,

et avec lequel il s'accorde. Ex. : *Dieu est* PUISSANT. Dites : QUI EST *puissant ?* Rép. *Dieu. Puissant* est au *masculin* et au *singulier*, parce qu'il se rapporte à *Dieu* qui est du masculin et au singulier.

Les enfants OBÉISSANTS *font la joie de leurs parents.* Dites: QUI EST *obéissants?* Rép. *les enfants. Obéissants* est au *masculin* et au *pluriel*, parce qu'il qualifie *enfants* qui est du masculin et au pluriel.

La femme FIDÈLE. Dites : QUI EST *fidèle ?* rép. *la femme. Fidèle* est au *féminin* et au *singulier*, parce qu'il qualifie *femme* qui est du féminin et au singulier.

Les femmes FIDÈLES. Dites : QUI EST *fidèles ?* rép. *les femmes. Fidèles* est au *féminin* et au *pluriel*, parce qu'il qualifie *femmes* qui est du féminin et au pluriel.

13me *Leçon.*

45. L'adjectif n'a par lui même ni *genre* ni *nombre*; mais comme il sert à qualifier les personnes et les choses, il prend le *genre* et le *nombre* de la personne ou de la chose à laquelle il donne sa qualité. Ex.

Un petit garçon *instruit*, une petite fille *instruite ;* des petits garçons *instruits*, des petites filles *instruites.*

46. On ajoute un *e muet* à l'adjectif qui qualifie un substantif féminin.

ADJECTIFS MASCULINS.		ADJECTIFS FÉMININS.	
Un homme	prudent.	Une femme	prudente.
	poli.		polie.
	corrompu.		corrompue.
	sensé.		sensée.
	pris.		prise.
	blond.		blonde.

47. Tout adjectif qui finit par un *e* muet au masculin ne change point au féminin. On l'appèle adjectif de tout genre. Exemple :

Un homme ou une femme *affable.*
Un homme ou une femme *agréable.*
Un homme ou une femme *utile.*

EXERCICES SUR LA FORMATION DU FÉMININ DANS LES ADJECTIFS.

NOTA. *Le maître écrira les exercices suivants sur le tableau noir; il les fera traduire par le féminin, en substituant le mot* personne *au mot* homme, *et le mot* fille *au mot* garçon.

PREMIER EXERCICE. Un homme obligeant, un garçon caressant, un homme honnête et poli, un garçon serviable et indulgent, un homme prudent, un garçon exigent, un homme dissimulé et négligent, un garçon violent et colérique, un homme vrai, humain, adroit, un garçon exact, utile et propre.

DEUXIÈME EXERCICE. Un homme hautain et méchant, un garçon noir et médisant, un homme pauvre et ruiné, un garçon petit et laid, un homme gai et amusant, un garçon battu et frappé, un homme sage et instruit, un garçon noyé et mort, un homme réservé et soumis, un garçon affligé et attendri.

Le maître fera faire plusieurs exercices semblables afin d'exercer les élèves sur la formation du féminin.

14me Leçon.

EXCEPTIONS SUR LA FORMATION DU FÉMININ DANS LES ADJECTIFS.

48. On double la dernière consonne, en ajoutant un *e muet* pour former le *féminin*, dans les adjectifs terminés au *masculin* par

		MASCULIN.		FÉMININ.
EL	comme	cru*el*	qui fait	cruel*le*.
EIL	———	verm*eil*	———	vermeil*le*.
UL	———	n*ul*	———	nul*le*.
OL	———	f*ol*	———	fol*le*.
AS	———	b*as*	———	bas*se*.
ES	———	expr*ès*	———	expres*se*.
OS	———	gr*os*	———	gros*se*.
ON	———	frip*on*	———	fripon*ne*.
IEN	———	anc*ien*	———	ancien*ne*.
OT	———	vieill*ot*	———	vieillot*te*.
ET	———	Cad*et*	———	Cadet*te*.

49. Pourtant *concret*, *complet*, *discret*, *prêt*, *inquiet*, *replet*, font : *concrète*, *complète*, *discrète*, *prête*, *inquiète*, *replète* ; *ras* fait *rase*.

50. On écrit au masculin *bel*, *nouvel*, *fol*, *mol*, au lieu de *beau*, *nouveau*, *fou*, *mou*, quand ces adjectifs sont placés avant un mot qui commence par une voyelle ou un *h* muet : bel *arbre*, nouvel *habit*, fol *espoir*, mol *ami*.

15me *Leçon.*

51. Dans les adjectifs terminés au masculin par *f*, comme *veuf*, *vif*, *bref*, on change le *f* en *ve* pour former le féminin : un homme *veuf*, *vif*, *bref*, une femme *veuve*, *vive*, *brève*.

52. Dans les adjectifs terminés par *c* au masculin, comme *public*, *caduc*, *franc*, on change le *c* en *que* ou en *che* : un homme *public*, *caduc*, une place *pu-bli*QUE une femme *cadu*QUE : un homme *blanc*, *franc*, *sec*, une femme *blan*CHE, *fran*CHE, *sè*CHE.

53. Dans les adjectifs terminés au masculin par *x*, on change *x* en *se* : *honteux*, *honteuse*, *jaloux*, *jalouse*. Cependant *doux* fait *douce*, *roux* fait *rousse*, *vieux* fait *vieille*, *faux* fait *fausse*.

54. Dans les adjectifs terminés par *ier*, comme *fier*, ou *er*, comme *berger*, on forme le féminin en ajoutant un *e* muet, et mettant un accent grave sur l'*e* qui précède la lettre *r* : un homme *fier*, une femme *fière* ; *berger*, *bergère*.

55. *Malin* fait *maligne*, *benin*, *benigne*, *long*, *longue*, *tiers*, *tierce*, *frais*, *fraiche*, *favori*, *favorite*, *pourri*, *pourrie*, *serviteur*, *servante*, *géant*, *géante*, *coi*, *coite*, *gentil*, *gentille*.

16me *Leçon.*

56. Dans les adjectifs terminés au singulier par *teur*, comme *flatteur*, *facteur*, ou par *eur*, comme *trompeur*, on forme le féminin en *euse* ou en *trice*.

Quand on peut changer *eur* en *ant*, l'adjectif a sa

terminaison au féminin en *euse*; ainsi *flatteur* fait *flatteuse*, parce qu'on peut dire *flatt*ANT; *fileur*, fait *fileuse*, parce qu'on peut dire *fil*ANT; *chanteur*, fait *chanteuse*, parce qu'on peut dire *chant*ANT.

On forme le féminin en *trice*, quand on ne peut pas changer *eur* en *ant*; ainsi *facteur*, fait *factrice*, parce qu'on ne peut pas dire *fact* ANT; *adulateur*, fait *adulatrice*, parce qu'on ne peut pas dire *adulat*ANT; *cantateur*, fait *cantatrice*, parce qu'on ne peut pas dire *cantat*ANT.

Cependant *exécuteur*, *persécuteur*, *débiteur*, *inspecteur* et *inventeur*, font *exécutrice*, *débitrice*, etc., quoiqu'on dise bien: *exécutant*, *persécutant*, *débitant*, etc.

57. *Pécheur* (qui fait des péchés), *enchanteur*, *défendeur*, *vendeur*, font *pécheresse*, *enchanteresse*, *défendresse*, *vendresse*.

58. Quelques substantifs, comme soldat, artisan, partisan, borgne, censeur, écrivain, poète, imprimeur, orateur, peuvent devenir adjectifs; dans ce cas, ils s'écrivent au masculin comme au féminin.

59. Les adjectifs *agresseur*, *imposteur*, *fat*, *rosat* (miel), *châtain*, ne s'emploient pas au féminin. *Antérieur*, *supérieur*, font *antérieure*, *supérieure*.

17me *Leçon*.

60. On forme le pluriel dans les adjectifs en ajoutant un *s* au singulier: *un homme grand*, *des hommes grands*; *le bon père*, *les bons pères*.

61. Les adjectifs terminés au singulier par *s* ou par *x*, ne changent point au pluriel masculin: *un homme gros*, *des hommes gros*; *un homme heureux*, *des hommes heureux*.

62. On met un *x* au pluriel dans les adjectifs terminés par *au*: un *beau* cheval, de *beaux* chevaux.

63. Dans la plupart des adjectifs terminés par *al* au singulier, comme *libéral*, on change *al* en *aux*: un bien *féodal*, des biens *féodaux*; un homme *égal*, des hommes *égaux*.

64. Cependant on ajoute un *s* au pluriel masculin

des adjectifs *nazal*, *fatal*, *filial*, *pascal*, *conjugal*, *théâtral*, *central*, *final*, etc : des sons *nazals*, des instans *fatals*.

65. Quand un adjectif qualifie deux substantifs singuliers, on met cet adjectif au pluriel : le roi et le berger sont *égaux* après la mort. *Egaux* est au pluriel, parce qu'il qualifie *roi* et *berger*.

66. On met encore l'adjectif au masculin et au pluriel, quand il qualifie deux substantifs de différents genres : ton *frère* et ta *sœur* sont *chéris* et *estimés*.

67. On met l'adjectif au féminin et au pluriel, quand il qualifie deux substantifs féminins : *la figure et la tête enflées*.

EXERCICES SUR LE SUBSTANTIF, L'ARTICLE ET L'ADJECTIF.

Le maître fera mettre au pluriel les exercices ci-après. Il aura soin de les faire précéder d'une explication sur les différentes règles de l'adjectif. Après l'exercice fait, les élèves l'analyseront.

Premier exercice. L'enfant gai, la sœur chérie, le maître patient, la maîtresse patiente, la table ronde, la robe bleue, le livre utile, la plume taillée, mon couteau perdu, ma leçon récitée, l'appartement éclairé, la chambre obscure et noire.

Deuxième exercice. Le voyageur fatigué, une brillante nuit, le peuple inconstant, la province ruinée et pillée, le rocher escarpé, le mur construit, la maison construite et commode, la muraille ébranlée et fondue, le précipice effrayant, la fosse profonde et effrayante.

Troisième exercice. L'élève studieux, instruit et sage, la petite fille studieuse, instruite et sage, un enfant enjoué et amusant, ta sœur enjouée et amusante, une maison blanchie et peinte, un homme emporté et bizarre, une femme emportée et bizarre, la femme retenue et soumise, ma sœur trompée, affligée et perdue

Le maître fera faire plusieurs exercices semblables, toujours en écrivant les adjectifs au masculin singulier.

MODÈLE D'ANALYSE.

Le	Art. simp. masc. sing.
enfant	Subst. comm. masc. sing.
gai.	Adj. qualif. masc. sing., parce qu'il qualifie *enfant* qui est du masc. sing.
La	Art. simp. fém. sing.
sœur	Subst. comm. fém. sing.
chérie.	Adj. qualif. fém. sing., parcequ'il qualifie *sœur*, fém. sing.

Faites analyser de même les exercices ci-dessus, au singulier et au pluriel, en prévenant les élèves que ET *est un mot invariable.*

18me Leçon.

68. On distingue dans les adjectifs trois degrés de signification :

1°. Le positif, qui énonce la qualité sans comparaison : *enfant sage*, *homme aimable.*

2°. Le comparatif, qui énonce la qualité avec comparaison. Il y a trois comparatifs.

Le comparatif d'*égalité* : Paul est *aussi sage* que Jules.

Le comparatif de *supériorité* : Paul est *plus sage* que Jules.

Le comparatif d'*infériorité* : Paul est *moins sage* que Jules.

3°. Le superlatif, qui énonce la qualité portée à un suprême degré. Il y a deux superlatifs. Paul est *très-sage*, *fort sage*, *extrêmement sage*, est le superlatif *absolu* ; on le forme avec les mots *très*, *fort*, *extrêmement.* On forme le superlatif relatif avec les mots *le plus*, *la plus*, *le moins*, *la moins* : Paul est *le plus sage*, Jules est *le moins sage.*

69. On dit *meilleur* au lieu de *plus bon*, *moindre* au lieu de *plus petit*, *pire* au lieu de *plus mauvais.* cette pêche est *meilleure*, cette somme est *moindre*, Cevin est *pire.*

EXERCICES SUR LES DIFFICULTÉS DE L'ADJECTIF.

Le maître les copiera sur le tableau noir en mettant tous les adjectifs au masculin singulier (voyez la GRAMMAIRE POPULAIRE), *et il les fera traduire par le pluriel, après avoir fait corriger le singulier.*

PREMIER EXERCICE. Sa (1) trompeuse entreprise, la phrase attributive, l'analyse minutieuse, la voix forte et sonore, une justification personnelle et importante, la fausse ponctuation, la leçon négligée, reconnue essentielle, l'analyse grammaticale, la femme flatteuse, douce, insinuante, séditieuse, aux paroles malignes.

DEUXIÈME EXERCICE. Un sentiment filial, ce discours brutal, la nécessité ingénieuse, ma meilleure grammaire, ton opinion erronée et subversive, ton madrigal sentimental, fastidieux et insipide, ma parole brève et tranchante, ta vieille routine redressée, la fausse et noire calomnie, la singulière et triste aventure.

TROISIÈME EXERCICE. Ton sentiment original, hardi et animé, vif et indépendant, un esprit étroit, profond, une imagination étroite, profonde, la statue grèque brûlée sur la place publique, la spirituelle madame de Sévigné, une proposition conjonctive, le vieil arsenal.

QUATRIÈME EXERCICE. Un verbe anomal, une forme nouvelle, le critique impartial, ton ancienne méthode, ta mine friponne, la troupe victorieuse, un partage égal, la méthode universelle, l'enseignement

---

(1) Au pluriel *ses*. Le maître fera bien sentir aux élèves la différence qu'il y a entre *ces* démonstratif et *ses* possessifs. On distingue *ces* de *ses*, en ce que *ces* sert à démontrer les objets dont on parle et qu'il ne peut pas se tourner par *de lui*, *d'elle*, tandis que *ses* marque une possession, et qu'il peut se tourner par *de lui, d'elle, d'eux*. CES *plumes sont à Ernest*. Ici *ces* sert à démontrer les plumes. Où est Ernest, voici *ses* plumes. Ici *ses* sert à marquer la possession, les plumes *de lui*, dont il est le possesseur. Même différence entre *ce* et *se*.

mutuel, notre école mutuelle, un instant fatal, ton dîner frugal, une femme partisan et orateur.

Cinquième exercice. Une lumière vive et rayonnante, un principe libéral, un lien conjugal, une forme distinctive, diverse, une expression neuve, combattue et renversée, une personne querelleuse, une femme conservatrice, une forme accusatrice, une vieille radoteuse indiscrète, ton affaire franche et loyale, une discussion perpétuelle et protectrice.

Sixième exercice. Ta maligne observation, une robe longue et bleue, une affaire positive et rationnelle, une femme ancienne et coquette, une femme débitrice et opératrice, cette fleur artificielle et fanée, la flotte turque a vaincu la flotte grèque, un conte moral et récréatif, le pays méridional et chaud, la province méridionale et chaude.

Comme ces dictées sont très-simples, le maître pourra facilement en faire de semblables; il les fera analyser au singulier et au pluriel.

MODÈLE D'ANALYSE.

Ton	Art. possessif masc. sing.
sentiment	Subst. comm. masc. sing.
original.	Adj. qualif. masc. sing., parce qu'il qualifie *sentiment* qui est du masc. sing.
Sa	Art. possessif fém. sing.
trompeuse	Adj. qualif. fém. sing., parce qu'il qualifie *entreprise* qui est du fém. sing.
entreprise.	Subst. comm. fém. sing.
Ses	Art. possessif fém. plur.
trompeuses	Adj. qualif. fém. pluriel, parce qu'il qualifie *entreprises* qui est du fém. plur.
entreprises.	Subst. comm. fém. plur.

Autres exercices (*à traduire par le pluriel*).

Premier exercice. Le léopard aussi féroce que le tigre, la rivière aussi profonde que le lac, la rose plus belle que la tulipe, la louve plus cruelle que la lionne, ton plus fidèle ami, cette province moins étendue que la nôtre, la fortune moins sûre que la science, l'armée fort nombreuse.

Deuxième exercice. Le plus cruel empereur, la plus cruelle loi, le soldat plus instruit que l'officier, l'onde très-agitée, le jardin moins grand et plus uni que la cour, la sœur moins audacieuse, plus vive et plus spirituelle que son frère, le journal très-impartial, le loup aussi malin que le renard.

MODÈLE D'ANALYSE.

Le	Art. simp. masc. sing.
léopard	Subst. comm. masc. sing.
aussi féroce	Adj. qualif. masc. sing. au comparatif d'égalité.
que	Conjonction.
le	Art. simp. masc. sing.
tigre.	Subst. comm. masc. sing.
La	Art. simp. fém. sing.
plus cruelle	Adj. qualif. fém. sing., au comp. de supériorité.
loi.	Subst. comm. fém. sing.
La	Art. simp. fém. sing.
onde	Subst. comm. fém. sing.
très-agitée.	Adj. qualif. fém. sing., au superlatif absolu.

Faites analyser de même les deux exercices ci-dessus.

CHAPITRE QUATRIÈME.

19me *Leçon.*

DU PRONOM.

70. Tout mot qui représente un substantif, pour en éviter la répétition, est un pronom. Exemple.

Mon père est malade, IL *en mourra.*

Le mot IL est un pronom, 1°. parce qu'il représente le substantif *père*; 2°. parce qu'il sert à éviter la répétition de ce substantif. Sans le secours du mot IL, j'aurais été obligé de dire : *mon* PÈRE *est malade*, MON PÈRE *en mourra.*

Cette table est petite, mais ELLE *est solide.*

Le mot ELLE représente le substantif *table;* donc ELLE est un pronom.

71. Il y a six sortes de pronoms : les *personnels*, les *démonstratifs*, les *possessifs*, les *relatifs*, les *interrogatifs* et les *indéfinis*.

20me *Leçon*.

72. Les pronoms *personnels* sont ceux qui désignent plus particulièrement les personnes. Ils sont toujours sujets ou compléments des verbes.

73. Il y a trois personnes : la première est *celle* qui parle d'elle-même : *moi*, *je* désire vous voir. La seconde est *celle* à qui l'on parle d'elle-même : *toi*, *tu* désires me voir. La troisième est *celle* de qui l'on parle : *lui*, *il* désire me voir.

TABLEAU DES PRONOMS PERSONNELS.

74. Première personne. *Je*, *me*, *moi*, pour le singulier. *Nous*, pour le pluriel.

Seconde personne. *Tu*, *te*, *toi*, pour le singulier. *Vous*, pour le pluriel.

(*Ces pronoms sont des deux genres.*)

Troisième personne. *Il*, *lui*, *le*, *leur*, pour le masculin singulier.

Elle, *la*, *leur*, pour le féminin singulier.

Ils, *eux*, *les*, pour le masculin pluriel.

Elles, *les*, pour le féminin pluriel.

Se, *soi*, sont des deux genres et des deux nombres.

21me *Leçon*.

75. REMARQUE. *Le*, *la*, *les* sont *articles* quand ils se trouvent placés avant un substantif : *le père*, *la mère*, *les villages;* ils sont pronoms quand ils représentent un substantif; alors ils sont ordinairement

placés avant un verbe. Cet homme, je LE connais, *le* représente *homme;* ma mère est bonne, je LA chéris, *la* représente *mère;* j'aime les sciences, je LES cultive, *les* représente *sciences.*

76. *En* et *y* sont pronoms personnels, quand ils représentent les choses dont on parle, alors le premier signifie *de lui, d'elle;* le second signifie *à cette chose, à ces choses :* connaissez-vous Ernest? Oui, j'EN parle. Ici *en* signifie je parle *de lui.* Étudiez-vous l'histoire? Oui, je m'Y applique. Ici *y* signifie *à cette chose*, à l'histoire.

77. Les pronoms personnels *je*, *tu*, *il*, *ils* sont toujours employés comme sujets. Les pronoms *me*, *te*, *se*, *soi*, *le*, *la*, *les*, *en*, *y*, *que*, *qui*, *dont*, *où* sont toujours employés comme compléments. Les pronoms *lui*, *elle*, *eux*, *elles*, *nous*, *vous*, *celui*, *celle*, *ceux*, *celles*, *ceci*, *cela*, sont tantôt sujets et tantôt compléments.

Le maître reviendra sur ce numéro quand il sera au chapitre des verbes.

22me *Leçon.*

78. Les pronoms démonstratifs sont ceux qui servent à démontrer les personnes ou les choses dont on parle. Ces pronoms sont :

SINGULIER.		PLURIEL.	
Masculin.	*Féminin.*	*Masculin.*	*Féminin.*
Celui.	Celle.	Ceux.	Celles.
Celui-ci.	Celle-ci.	Ceux-ci.	Celles-ci
Celui-là	Celle-là.	Ceux-là.	Celles-là.

Ce, ceci, cela, des deux genres.

79. REMARQUE. *Celui-ci*, *celle-ci* s'emploient pour désigner des choses proches, et *celui-là*, *celle-là* pour désigner des choses éloignées.

80. Les pronoms possessifs sont ceux qui représentent un substantif en même temps qu'ils en marquent la possession. Ces pronoms sont :

SINGULIER.		PLURIEL.	
Masculin.	*Féminin.*	*Masculin.*	*Féminin.*
Le mien.	La mienne.	Les miens.	Les miennes.
Le tien.	La tiennne.	Les tiens.	Les tiennes.
Le sien.	La sienne.	Les siens.	Les siennes.
Le nôtre.	La nôtre.	*Des deux genres.*	
Le vôtre.	La vôtre.		
Le leur.	La leur.	Les nôtres, les vôtres, les leurs.	

81. On met un accent circonflexe sur l'*ô* dans *nôtre*, *vôtre*, quand ces mots sont placés après *le*, *la*, *les* : ce château est *le nôtre*, celui-ci est *le vôtre*. Ces propriétés sont *les nôtres*, et non *les vôtres*. Les pronoms possessifs s'analysent en un seul mot.

23me *Leçon.*

82. Les pronoms *relatifs* sont ceux qui ont rapport à un substantif qui les précède. Ces pronoms sont *qui*, *que*, *quoi*, *à quoi*, *dont*, *d'où*, *lequel*, *laquelle*, *lesquels*, *lesquelles*.

Les pronoms relatifs s'accordent avec leur antécédent. On appèle antécédent le mot auquel se rapporte le pronom. Exemple : *l'enfant* QUI étudie deviendra savant. *Qui* est au masculin singulier, parce qu'il se rapporte au mot *enfant*, *son antécédent*, qui est du masculin et au singulier. *Les femmes* QUE tu as entendues chanter. *Que* est au féminin pluriel, parce qu'il se rapporte à *femmes*, *son antécédent*, qui est du féminin et au pluriel.

Les pronoms *qui*, *que*, *dont*, *d'où*, sont des deux genres et des deux nombres.

83. Les pronoms interrogatifs sont ceux qui servent à interrroger. Ces pronoms sont *Qui ? Que ? Quoi ? A quoi ? Le quel ? La quelle ?* Exemple : *Qui* vous a dit cela ? *Que* réclamez-vous ? *A quoi* pensez-vous ? *Quel* homme ou *quelle* femme vous a dit cela ?

Le maître s'attachera à démontrer aux élèves la différence qu'il y a entre les pronoms relatifs et les pronoms interrogatifs ; ce sont les mêmes mots ; mais ces derniers n'ont pas d'antécédent, et ils servent à interroger.

84. Les pronoms interrogatifs *le quel? La quelle? Du quel? Au quel?* s'écrivent en deux mots; quand ces pronoms sont relatifs, ils s'écrivent en un seul mot

85. Les pronoms *indéfinis* sont *on*, *quiconque*, *autrui*, *chacun*, *tout*, *rien*, *quelqu'un*, *personne*, *quelque*, *l'un l'autre*, *qui que ce soit*, *quoique ce soit*. Ces pronoms seraient plus justement appelés substantifs indéterminés.

EXERCICES SUR LE SUBSTANTIF, SUR L'ARTICLE, SUR L'ADJECTIF ET SUR LE PRONOM.

Après les avoir fait corriger au singulier, le maître fera mettre au pluriel les exercices ci-après. Il pourra maintenant faire entrer le verbe être *dans les exercices et dans les analyses, puisque les élèves le conjuguent depuis long-temps.*

PREMIER EXERCICE. Cet homme est savant, il sera estimé de notre société. Ta sœur et la mienne sont naïves et spirituelles, elles étaient chéries dans leur pension. Ce bien est le vôtre, celui-ci est le nôtre, ils nous sont échus en partage. Mon habit est plus moderne que le tien, il est neuf.

DEUXIÈME EXERCICE. Ta propriété est à toi, la mienne est à moi, elle m'est échu en mariage; elle est d'un grand rapport. Cette marchandise est bien belle, elle sera vendue aujourd'hui; la tienne n'est pas aussi avantageuse, elle est moins fraiche. Cet oiseau est superbe, il est très-estimé.

TROISIÈME EXERCICE. Cette maison est plus grande que la tienne, elle sera louée à ton ami, la nôtre sera embellie. Ton ami est parti avec le mien qui est fort triste. Quelle servante as-tu vue à la porte? Mon oreille sera frappée d'un son agréable, la tienne le sera aussi. Cette petite fille, qui est si malheureuse, est très-bonne.

QUATRIÈME EXERCICE. Ce cheval n'est pas aussi beau que le nôtre, il sera conduit à la foire où il sera vendu. Sa figure est très-spirituelle, elle est enchanteresse. Cette lampe est éteinte et finie, elle était brillante. Ton gâteau est plus gros que le mien. Ta tourte est plus grosse que la mienne, elle est mieux cuite et plus grasse.

Cinquième exercice. Ton bel habit bleu est plus joli que le mien, il sera plus apparent. Cette petite louve est traître et vindicative, elle est originaire des Pyrénées; elle sera maligne et adroite. Cette vilaine voiture est gênante, elle est très-grossière et lourde. Ce beau local est détruit, il fut brûlé. Cette nombreuse colonie est productive, les mœurs y sont corrompues et dépravées.

Sixième exercice. Cette table est brisée, elle sera remise à neuf. Jules est aimable, il est studieux. Julie est charmante, elle est actrice au théâtre; elle sera louée des spectateurs et des spectatrices. Ce fruit est mûr, il est très-bon. Cette femme est fort spirituelle, elle sera recherchée; ses qualités, ses grâces plaisent.

Le maître pourra faire des exercices semblables, il les fera traduire par le pluriel et analyser ensuite.

CHAPITRE CINQUIÈME.

24me *Leçon.*

DU VERBE.

86. Le verbe est un mot qui exprime ou l'*état* dans lequel est le sujet, ou l'*action* qu'il fait.

Quand le verbe exprime l'état dans lequel est le sujet, c'est le *verbe d'*ÉTAT; comme : *être chéri*, je suis chéri; *être loué*, je suis loué; *être gai*, je suis gai; *être affable*, je suis affable.

Quand le verbe exprime *l'action* que le sujet fait, c'est le *verbe d'*ACTION; comme *manger*, je mange;

courir, je cours; *boire*, je bois; *sourire*, je souris (1).

Dans *je cours*, COURS exprime l'action qui est faite par *je; tu mangeas*, MANGEAS exprime l'action qui est faite par *tu; nous buvions*, BUVIONS exprime l'action qui est faite par *nous; vous marcherez*, MARCHEREZ exprime l'action qui est faite par *vous*.

C'est ce qu'on appèle TEMPS, soit *présent*, comme *je cours*, soit *passé*, comme *tu mangeas*, soit *futur*, comme *vous mangerez*.

87. Tout mot qu'on peut placer après NE PAS, ou entre NE... et... PAS est un verbe, *chanter*, *sonner*, *venir*, *finir*, *voir*, *recevoir*, *rire*, *battre*, *tordre*, *joindre*, sont des verbes, parce que je puis dire : NE PAS *chanter*, NE PAS *finir*, etc., ou encore : tout mot qu'on peut mettre après *je*, *tu*, *il*, *elle*, *nous*, *vous*, est un verbe; *rire* est un verbe, parce qu'on peut dire : *il rit*, *tu ris*, *vous riez*, etc.

25me *Leçon.*

DU SUJET DU VERBE.

88. Le sujet du verbe est l'*être* qui est dans l'*état* que le verbe exprime (pour les verbes d'état), ou qui

---

(1) Le maître s'attachera à bien faire comprendre aux élèves la différence qu'il y a entre le *verbe d'état* et le *verbe d'action*. Cette distinction est de la plus grande importance pour les participes; car les participes des verbes *d'état* s'accordent toujours avec le sujet du verbe, et les participes des verbes *d'action* ne s'y accordent jamais. Pour que les élèves puissent bien sentir la différence qu'il y a entre ces deux verbes, le maître leur citera des exemples analogues à ceux-ci : *Rose est insultée.* Dites : Rose fait-elle l'action d'insulter? *non;* donc c'est le verbe D'ÉTAT. *Rose a insulté Louise.* Rose a-t-elle fait l'action d'insulter? oui; donc c'est le verbe D'ACTION. *Alexandre sera puni.* Alexandre fera-t-il l'action de punir? non; donc c'est le verbe D'ÉTAT. *Le maître punira Alexandre.* Le maître fera-t-il l'action de punir? oui; donc c'est le verbe D'ACTION. Même différence entre *ces enfants seront caressés* et *ces enfants caressent leur mère. Cette personne est embellie* et *cette personne embellit. Ernest fut blessé* et *Ernest a blessé Jules.*

fait l'*action* que le verbe exprime (pour les verbes d'action). Exemples : *Le cygne est blanc.* Le sujet *cygne* est dans cet *état*. *Le cygne nage.* Le sujet *cygne* fait l'*action* de *nager*.

89. On reconnaît le sujet d'un verbe en faisant la question *qui fait l'action de*.....et en ajoutant à cette question le verbe dont on veut connaître le sujet. Exemples : *Le maître corrige* les devoirs. *Qui fait l'action de corriger?* Réponse, le *maître*, voilà le sujet du verbe *corriger*. *Nous marquons*. Qui fait l'action de marquer ? *Nous*, sujet de marquons.

80. Le sujet d'un verbe est ou un substantif, ou un pronom, ou un infinitif.

91. Tout verbe dont le sujet est *singulier*, est aussi au *singulier*. Tout verbe dont le sujet est *pluriel*, est aussi au *pluriel*. Tout verbe dont le sujet est de la première personne, est aussi à la première personne. Tout verbe dont le sujet est de la seconde personne, est aussi à la seconde personne. Tout verbe dont le sujet est de la troisième personne, est aussi à la troisième personne.

Je chante, CHANTE est à la première pers. sing., parce que *je*, son sujet, est de la première personne sing.

Nous chantons, CHANTONS est à la première pers. plur., parce que *nous*, son sujet, est de la première pers. plur.

92. *Je*, *nous*, marquent la première personne, celle qui parle

Tu, *vous*, marquent la seconde personne, celle à qui l'on parle.

Il, *elle*, *ils*, *elles*, et tout substantif placé avant un verbe, marquent la troisième personne, celle de qui l'on parle.

26me *Leçon.*

93. Il y a trois temps principaux dans les verbes : 1° le PRÉSENT qui marque que la chose se fait dans le

moment où l'on parle : *je marche* est au présent (l'action de marcher se fait au moment où l'on parle).

2° Le PASSÉ ou *prétérit*, qui marque que la chose a été faite : *j'ai lu* (l'action de lire est passée).

3° Le FUTUR, qui marque que la chose se fera *je lirai* (l'action de lire se fera).

94. Les temps des verbes sont *simples* ou *composés*. Les temps *simples* sont ceux qui n'ont qu'un seul mot, non compris le pronom : *chanter, chantant, je chante, elle chanta, nous dînerons.* Les temps *composés* sont ceux qu'on exprime par plusieurs mots : *avoir chanté, nous avons bu, ils auraient dansé.*

95. Il y a aussi les temps *primitifs* et les temps *dérivés*. Les temps primitifs sont ceux qui servent à former les autres temps. Les temps dérivés sont ceux qui se forment des temps primitifs.

27me *Leçon*.

96. Il y a dans les verbes *cinq modes*, qui expriment les différentes inflexions que prend le verbe pour l'énonciation de nos pensées : 1° *l'infinitif*, qui exprime l'action ou l'état du sujet d'une manière vague, ce mode est le seul qui n'ait pas de personne. 2° *L'indicatif*, qui affirme que la chose *est*, qu'elle *a été* ou qu'elle *sera*. 3°. *Le conditionnel*, qui exprime qu'une chose *serait* ou *aurait été* moyennant une condition.

4° *L'impératif*, qui exprime une *prière*, un *commandement*. 5° *Le subjonctif*, qui exprime un *doute*, un *souhait*, une *crainte*.

97. Écrire ou réciter de suite les différents temps des verbes avec leurs nombres et leurs personnes, cela s'appèle conjuguer (1).

98. Il y a quatre conjugaisons différentes que l'on distingue par la terminaison de l'infinitif.

---

(1) Lorsque le maître fera conjuguer un verbe, il aura soin de faire détacher la finale du radical comme au tableau-modèle des quatre conjugaisons.

Les verbes qui appartiènent à la première conjugaison ont l'infinitif terminé par ER, comme *chant*ER, *parl* ER, *sonn* ER.

Les verbes de la seconde conjugaison ont l'infinitif terminé par IR, comme *fin* IR, *ven* IR, *cour* IR.

Les verbes de la troisième conjugaison ont l'infinitif terminé par OIR, comme *dev* OIR, *pouv* OIR, *recev* OIR.

Les verbes de la quatrième conjugaison ont l'infinitif terminé par RE, comme *rend* RE, *cui* RE, *boi* RE, *joind* RE.

CONJUGAISON DES VERBES ÊTRE ET AVOIR.

INFINITIF (premier mode).

Être *aimable*.	Avoir *soif*.

PRÉTÉRIT.

Avoir été *aimable*.	Avoir eu *soif*.

PARTICIPE PRÉSENT.

Étant *aimable*.	Ayant *soif*.

PARTICIPE PASSÉ.

Été (invariable).	Eu (variable).

INDICATIF PRÉSENT (deuxième mode.

Je sui s		J'ai	
Tu e s	affable.	Tu a s	faim.
Il es t		Il a	
Elle es t	affable.	Elle a	faim.
Nous somme s		Nous av ons	
Vous ête s	affables.	Vous av ez	faim.
Ils so nt		Ils o nt	
Elles so nt	affables.	Elles o nt	faim.

IMPARFAIT.

J'ét ais		J'av ais	
Tu ét ais	absent.	Tu av ais	soif.
Il ét ait		Il av ait	
Elle ét ait	absente.	Elle av ait	soif.
Nous ét ions		Nous av ions	
Vous ét iez	absents.	Vous av iez	soif.
Ils ét aient		Ils av aient	
Elles ét aient	absentes.	Elles av aient	soif.

PRÉTÉRIT DÉFINI.

Je fu s		J'eu s	
Tu fu s	honteux.	Tu eu s	raison.
Il fu t		Il eu t	
Elle fu t	honteuse.	Elle eu t	raison.
Nous fû mes		Nous eû mes	
Vous fû tes	honteux.	Vous eû tes	raison.
Ils fu rent		Ils eu rent	
Elles fu rent	honteuses.	Elles eu rent	raison.

PRÉTÉRIT INDÉFINI.

J'ai		J'ai	
Tu as	été rusé.	Tu as	eu peur.
Il a		Il a	
Elle a	été rusée.	Elle a	
Nous avons		Nous avons	
Vous avez	été rusés.	Vous avez	eu peur.
Ils ont		Ils ont	
Elles ont	été rusées.	Elles ont	

PRÉTÉRIT ANTÉRIEUR.

J'eus		J'eus	
Tu eus	été actif.	Tu eus	eu droit.
Il eut		Il eut	
Elle eut	été active.	Elle eut	
Nous eûmes		Nous eûmes	
Vous eûtes	été actifs.	Vous eûtes	eu droit.
Ils eurent		Ils eurent	
Elles eurent	été actives.	Elles eurent	

PLUSQUE PARFAIT.

J'avais		J'avais	
Tu avais	été averti.	Tu avais	eu tort.
Il avait		Il avait	
Elle avait	été avertie.	Elle avait	
Nous avions		Nous avions	
Vous aviez	été avertis.	Vous aviez	eu tort.
Ils avaient		Ils avaient	
Elles avaient	été averties.	Elles avaient	

FUTUR SIMPLE.

Je se rai		J'au rai	
Tu se ras	épris.	Tu au ras	satisfaction.
Il se ra		Il au ra	
Elle se ra	éprise.	Elle au ra	
Nous se rons		Nous au rons	
Vous se rez	épris.	Vous au rez	satisfaction.
Ils se ront		Ils au ront	
Elles se ront	éprises.	Elles au ront	

FUTUR PASSÉ.

J'aurai	été égal.	J'aurai	eu horreur.
Tu auras		Tu auras	
Il aura		Il aura	
Elle aura	été égale.	Elle aura	
Nous aurons	été égaux.	Nous aurons	eu horreur.
Vous aurez		Vous aurez	
Ils auront		Ils auront	
Elles auront	été égales.	Elles auront	

CONDITIONNEL PRÉSENT OU FUTUR (troisième mode).

Je se rais	éternel,	J'au rais	confiance.
Tu se rais		Tu au rais	
Il se rait		Il aurait	
Elle se rait	éternelle.	Elle au rait	
Nous se rions	éternels.	Nous au rions	confiance.
Vous se riez		Vous au riez	
Ils se raient		Ils au raient	
Elles seraient	éternelles.	Elles au raient	

PASSÉ.

J'aurais	été ingrat.	J'aurais	eu espérance
Tu aurais		Tu aurais	
Il aurait		Il aurait	
Elle aurait	été ingrate.	Elle aurait	
Nous aurions	été ingrats.	Nous aurions	eu espérance
Vous auriez		Vous auriez	
Ils auraient		Ils auraient	
Elles auraient	été ingrates.	Elles auraient	

ON DIT AUSSI :

J'eusse	été acteur.	J'eusse	eu croyance.
Tu eusses		Tu eusses	
Il eût		Il eût	
Elle eût	été actrice.	Elle eût	
Nous eussions	été acteurs.	Nous eussions	eu croyance.
Vous eussiez		Vous eussiez	
Ils eussent		Ils eussent	
Elles eussent	été actrices.	Elles eussent	

IMPÉRATIF (quatrième mode).

Soi s	prompt.	Aie	pitié.
Qu'il soi t		Qu'il ait	
Qu'elle soi t	prompte.	Qu'elle ait	
Soy ons	prompts.	Ay ons	pitié.
Soy ez		Ay ez	
Qu'ils soi ent		Qu'ils ai ent	
Qu'elles soi ent	promptes.	Qu'elles ai ent	

SUBJONCTIF PRÉSENT OU FUTUR (cinquième mode).

Il faut, il faudra

Que je soi s	aperçu.	Que j'ai e	ordre.
Que tu soi s		Que tu ai es	
Qu'il soi t		Qu'il ai t	
Qu'elle soit	aperçue	Qu'elle ai t	
Que nous so yons	aperçus.	Que nous ay ons	ordre.
Que vous soy ez		Qne vous ay ez	
Qu'ils soi ent		Qu'ils ai ent	
Qu'elles soi ent	aperçues.	Qu'elles ai ent	

IMPARFAIT.

Il fallait, il fallut, il a fallu, il faudrait, etc.

Que je f usse	danseur.	Que j'eusse	compassion.
Que tu f usses		Que tu eusses	
Qu'il f ût		Qu'il eût	
Qu'elle f ût	danseuse.	Qu'elle eût	
Que nous f ussions	danseurs.	Que nous eussions	compassion.
Que vous f ussiez		Que vous eussiez	
Qu'ils f ussent		Qu'ils eussent	
Qu'elles f ussent	danseuses.	Qu'elles eussent	

PRÉTÉRIT.

Il faut.

Que j' aie	été muet.	Que j' aie	eu opinion.
Que tu aies		Que tu aies	
Qu'il ait		Qu'il ait	
Qu'elle ait	été muette.	Qu'elle ait	
Que nous ayons	été muets.	Que nous ayons	eu opinion.
Que vous ayez		Que vous ayez	
Qu'ils aient		Qu'ils aient	
Qu'elles aient	été muettes.	Qu'elles aient	

PLUSQUE PARFAIT.

Que j' eusse	été discret.	Que j' eusse	eu idée.
Que tu eusses		Que tu eusses	
Qu'il eût		Qu'il eût	
Qu'elle eût	été discrète.	Qu'elle eût	
Que nous eussions	été discrets.	Que nous eussions	eu idée.
Que vous eussiez		Que vous eussiez	
Qu'ils eussent		Qu'ils eussent	
Qu'elles eussent	été discrètes.	Qu'elles eussent	

Adjectifs à joindre au verbe *être :* affable, habile, honnête, utile, estimable, infaillible, inutile, indocile, intraitable, agréable, équitable, absent, imprudent, important, grand, blond, actif, craintif, rétif, inventif, bref, sauf, veuf, heureux, douteux, surpris, épris, compris, aperçu, loué, chéri, usé, averti, blanc, franc, sec, grec, caduc, frais, éternel, cruel, vermeil, pécheur, acteur, fileur, facteur, causeur, roux, faux, égal, libéral, filial, fatal.

(Voir le Tableau.)

VERBES A FAIRE CONJUGUER SUR LE TABLEAU-MODÈLE DES QUATRE CONJUGAISONS.

Première conjugaison. Aimer, danser, estimer, jouer, brûler, chercher, trouver, rapporter, deviser, sonner, prier, scier, vérifier, étudier, employer, nettoyer, appuyer, guider, border, corder, etc.

Deuxième conjugaison. Unir, punir, réunir, polir, embellir, ternir, avertir, guérir, régir, emplir, remplir, rougir, abolir, vernir, rotir, vomir, roidir, ravir, gravir, fléchir, vêtir, revêtir, languir, etc.

Troisième conjugaison. Voir, apercevoir, concevoir, percevoir, prévoir, savoir, valoir, vouloir, pouvoir, devoir, redevoir, s'asseoir, etc.

Quatrième conjugaison. prendre, vendre, fendre, pondre, joindre, boire, contraindre, remettre, teindre, ceindre, tordre, mordre, lire, rompre, écrire, fondre, etc.

Nota. *Le maître fera conjuguer quatre verbes à la fois sur le tableau noir, ou au moins deux, jusqu'au prétérit indéfini seulement, et pendant plusieurs jours les mêmes temps, en changeant de verbe. Il aura soin de faire écrire le présent de l'indicatif, des quatre verbes, ou des deux, ensemble avant de passer à l'imparfait. Même raisonnement pour tous les temps. Un élève écrira le* radical, *un autre les* finales. *Exemple : j'*AVOU, *je* PUNI, *je* VOI, *je* FEND. *Le second élève ajoutera les finales du présent de l'indicatif au* radical avou e, es, e, ons, ez, ent; *un autre ajoutera les finales au radical* puni, s, s, t, ons, ez, ent. *Même raisonnement sur tous les temps et pour toutes les conjugaisons; car le radical doit se représenter dans tout le verbe.*

On pourra encore faire conjuguer sur les cahiers de la

(Page 38 de l'Art d'enseigner la Grammaire).

TABLEAU-MODÈLE DES QUATRE CONJUGAISONS.

INFINITIF PRÉSENT. (*Premier Mode.*)

FORMATION DES TEMPS.				
Temps simple et primitif.	Chant *er*.	Fin *ir*.	Recev *oir*.	Rend *re*.

PASSÉ.

N° 1. Temps composé du présent de l'infinitif du verbe *avoir*, et du participe passé du verbe que l'on conjugue.	Avoir chant *é*.	Avoir fin *i*.	Avoir reç *u*.	Avoir rend *u*.

PARTICIPE PRÉSENT.

Temps simple et primitif.	Chant *ant*.	Finiss *ant*.	Recev *ant*.	Rend *ant*.

PARTICIPE PASSÉ.

2. Temps simple et primitif.	Chant *é*, chant *ée*.	Fin *i*, fin *ie*.	Reç *u*, reç *ue*.	Rend *u*, rend *ue*.
	Ayant chant *é*.	Ayant fin *i*.	Ayant reç *u*.	Ayant rend *u*.

INDICATIF PRÉSENT. (*Deuxième Mode.*)

3. Temps simple et primitif au singulier, dérivé au pluriel, parce qu'il est formé du participe présent en changeant ANT en *ons*, *ez*, *ent*.	Je chant *e*.	Je fini *s*.	Je reçoi *s*.	Je rend *s*.
	Tu chant *es*.	Tu fini *s*.	Tu reçoi *s*.	Tu rend *s*.
	Il chant *e*.	Il fini *t*.	Il reçoi *t*.	Il rend.
	Elle chant *e*.	Elle fini *t*.	Elle reçoi *t*.	Elle rend.
	Nous chant *ons*.	Nous finiss *ons*.	Nous recev *ons*.	Nous rend *ons*.
	Vous chant *ez*.	Vous finiss *ez*.	Vous recev *ez*.	Vous rend *ez*.
	Ils chant *ent*.	Ils finiss *ent*.	Ils reçoiv *ent*.	Ils rend *ent*.
	Elles chant *ent*.	Elles finiss *ent*.	Elles reçoiv *ent*.	Elles rend *ent*.

NOTA. *Le maître s'attachera à faire remarquer aux élèves la différence qu'il y a entre les finales des verbes de la 1re conjugaison au sing., et les finales des autres conjugaisons. Il fera remarquer aussi que les finales sont les mêmes pour les personnes plurielles des quatre conjugaisons.*

IMPARFAIT.

4. Temps simple et dérivé du participe présent par le changement de ANT en *ais*, *ais*, *ait*, *ions*, *iez*, *aient*.	Je chant *ais*.	Je finiss *ais*.	Je recev *ais*.	Je rend *ais*.
	Tu chant *ais*.	Tu finiss *ais*.	Tu recev *ais*.	Tu rend *ais*.
	Il chant *ait*.	Il finiss *ait*.	Il recev *ait*.	Il rend *ait*.
	Elle chant *ait*.	Elle finiss *ait*.	Elle recev *ait*.	Elle rend *ait*.
	Nous chant *ions*.	Nous finiss *ions*.	Nous recev *ions*.	Nous rend *ions*.
	Vous chant *iez*.	Vous finiss *iez*.	Vous recev *iez*.	Vous rend *iez*.
	Ils chant *aient*.	Ils finiss *aient*.	Ils recev *aient*.	Ils rend *aient*.
	Elles chant *aient*.	Elles finiss *aient*.	Elles recev *aient*.	Elles rend *aient*.

NOTA. *Le maître fera remarquer aux élèves que les finales de ce temps sont les mêmes pour les quatre conjugaisons.*

PRÉTÉRIT DÉFINI.

5. Temps simple et primitif, parce qu'il forme l'imparfait du subjonctif par le changement de AI en *asse*, pour les verbes de la première conjugaison, et en ajoutant *se* pour les autres conjug.	Je chant *ai*.	Je fin *is*.	Je reç *us*.	Je rend *is*.
	Tu chant *as*.	Tu fin *is*	Tu reç *us*.	Tu rend *is*.
	Il chant *a*.	Il fin *it*.	Il reç *ut*.	Il rend *it*.
	Elle chant *a*.	Elle fin *it*.	Elle reç *ut*	Elle rend *it*.
	Nous chant *âmes*.	Nous fin *îmes*.	Nous reç *ûmes*.	Nous rend *îmes*.
	Vous chant *âtes*.	Vous fin *îtes*.	Vous reç *ûtes*.	Vous rend *îtes*.
	Ils chant *èrent*.	Ils fin *irent*.	Ils reç *urent*.	Ils rend *irent*.
	Elles chant *èrent*.	Elles fin *irent*.	Elles reç *urent*.	Elles rend *irent*.

NOTA. *Le maître fera remarquer aux élèves les différences qu'il y a entre les finales du prétérit défini des quatre conjugaisons.*

PRÉTÉRIT INDÉFINI.

6. Temps composé du présent de l'indicatif du verbe *avoir*, et du participe passé du verbe que l'on conjugue.	J'ai	J'ai	J'ai	J'ai
	Tu as	Tu as	Tu as	Tu as
	Il a	Il a	Il a	Il a
	Elle a	Elle a	Elle a	Elle a
	Nous avons	Nous avons	Nous avons	Nous avons
	Vous avez	Vous avez	Vous avez	Vous avez
	Ils ont	Ils ont	Ils ont	Ils ont
	Elles ont	Elles ont	Elles ont	Elles ont
	} chant *é*.	} fin *i*.	} reç *u*.	} rend *u*.

NOTA. *Le maître fera remarquer aux élèves que le participe ne s'accorde pas avec le sujet du verbe.*

PRÉTÉRIT ANTÉRIEUR.

7. Temps composé du prétérit défini du verbe *avoir*, et du participe passé du verbe que l'on conjugue.	J'eus	J'eus	J'eus	J'eus
	Tu eus	Tu eus	Tu eus	Tu eus
	Il eut	Il eut	Il eut	Il eut
	Elle eut	Elle eut	Elle eut	Elle eut
	Nous eûmes	Nous eûmes	Nous eûmes	Nous eûmes
	Vous eûtes	Vous eûtes	Vous eûtes	Vous eûtes
	Ils eurent	Ils eurent	Ils eurent	Ils eurent
	Elles eurent	Elles eurent	Elles eurent	Elles eurent
	} chant *é*.	} fin *i*.	} reç *u*.	} rend *u*.

PLUSQUE-PARFAIT.

8. Temps composé de l'imparfait de l'indicatif du verbe *avoir*, et du participe passé du verbe que l'on conjugue.	J'avais	J'avais	J'avais	J'avais
	Tu avais	Tu avais	Tu avais	Tu avais
	Il avait	Il avait	Il avait	Il avait
	Elle avait	Elle avait	Elle avait	Elle avait
	Nous avions	Nous avions	Nous avions	Nous avions
	Vous aviez	Vous aviez	Vous aviez	Vous aviez
	Ils avaient	Ils avaient	Ils avaient	Ils avaient
	Elles avaient	Elles avaient	Elles avaient	Elles avaient
	} chant *é*.	} fin *i*.	} reç *u*.	} rend *u*.

FUTUR SIMPLE.

9. Temps simple et dérivé, parce qu'il est formé du présent de l'infinitif, en ajoutant AI, pour les trois premières conjugaisons, et en changeant *re* en *rai* pour la quatrième.	Je chant *e rai*.	Je fini *rai*.	Je recev *rai*.	Je rend *rai*.
	Tu chant *e ras*.	Tu fini *ras*.	Tu recev *ras*.	Tu rend *ras*.
	Il chant *e ra*.	Il fini *ra*.	Il recev *ra*.	Il rend *ra*.
	Elle chant *e ra*.	Elle fini *ra*.	Elle recev *ra*.	Elle rend *ra*.
	Nous chant *e rons*.	Nous fini *rons*.	Nous recev *rons*.	Nous rend *rons*.
	Vous chant *e rez*.	Vous fini *rez*.	Vous recev *rez*.	Vous rend *rez*.
	Ils chant *e ront*.	Ils fini *ront*.	Ils recev *ront*.	Ils rend *ront*.
	Elles chant *e ront*.	Elles fini *ront*.	Elles recev *ront*.	Elles rend *ront*.

NOTA. *Le maître fera remarquer aux élèves, 1° que le futur, dans toutes les conjugaisons, a la même terminaison; 2° qu'il se trouve toujours un* e *muet avant le* r *au futur des verbes de la première conjugaison, et cela, parce que ces verbes ont un* e *dans l'infinitif*, prierai, *effacez la finale* ai, *il reste* prier.

FUTUR PASSÉ.

FORMATION DES TEMPS.				
10. Temps composé du futur simple du verbe *avoir*, et du participe passé du verbe que l'on conjugue.	J'aurai	J'aurai	J'aurai	J'aurai
	Tu auras	Tu auras	Tu auras	Tu auras
	Il aura	Il aura	Il aura	Il aura
	Elle aura	Elle aura	Elle aura	Elle aura
	Nous aurons	Nous aurons	Nous aurons	Nous aurons
	Vous aurez	Vous aurez	Vous aurez	Vous aurez
	Ils auront	Ils auront	Ils auront	Ils auront
	Elles auront	Elles auront	Elles auront	Elles auront
	} chant *é*.	} fin *i*.	} reç *u*.	} rend *u*.

CONDITIONNEL PRÉSENT. (*Troisième Mode.*)

11. Temps simple et dérivé du présent de l'infinitif par l'addition des finales *ais*, pour les trois premières conjugaisons, et par le changement de *re* en *rais*, pour la quatrième.	Je chant *e rais*.	Je fini *rais*.	Je recev *rais*.	Je rend *rais*.
	Tu chant *e rais*.	Tu fini *rais*.	Tu recev *rais*.	Tu rend *rais*.
	Il chant *e rait*.	Il fini *rait*.	Il recev *rait*.	Il rend *rait*.
	Elle chant *e rait*.	Elle fini *rait*.	Elle recev *rait*.	Elle rend *rait*.
	Nous chant *e rions*.	Nous fini *rions*.	Nous recev *rions*.	Nous rend *rions*.
	Vous chant *e riez*.	Vous fini *riez*.	Vous recev *riez*.	Vous rend *riez*.
	Ils chant *e raient*.	Ils fini *raient*.	Ils recev *raient*.	Ils rend *raient*.
	Elles chant *e raient*.	Elles fini *raient*.	Elles recev *raient*.	Elles rend *raient*.

NOTA. *Le conditionnel de la première conjugaison, comme le futur, prend un* e *muet avant le* r.

CONDITIONNEL PASSÉ.

12. Temps composé du conditionnel présent du verbe *avoir*, et du participe passé du verbe que l'on conjugue.	J'aurais	J'aurais	J'aurais	J'aurais
	Tu aurais	Tu aurais	Tu aurais	Tu aurais
	Il aurait	Il aurait	Il aurait	Il aurait
	Elle aurait	Elle aurait	Elle aurait	Elle aurait
	Nous aurions	Nous aurions	Nous aurions	Nous aurions
	Vous auriez	Vous auriez	Vous auriez	Vous auriez
	Ils auraient	Ils auraient	Ils auraient	Ils auraient
	Elles auraient	Elles auraient	Elles auraient	Elles auraient
	} chant *é*.	} fin *i*.	} reç *u*.	} rend *u*.

ON DIT AUSSI :

13. Temps composé de l'imparfait du subjonctif du verbe *avoir*, et du participe passé du verbe que l'on conjugue.	J'eusse	J'eusse	J'eusse	J'eusse
	Tu eusses	Tu eusses	Tu eusses	Tu eusses
	Il eût	Il eût	Il eût	Il eût
	Elle eût	Elle eût	Elle eût	Elle eût
	Nous eussions	Nous eussions	Nous eussions	Nous eussions
	Vous eussiez	Vous eussiez	Vous eussiez	Vous eussiez
	Ils eussent	Ils eussent	Ils eussent	Ils eussent
	Elles eussent	Elles eussent	Elles eussent	Elles eussent
	} chant *é*.	} fin *i*.	} reç *u*.	} rend *u*.

IMPÉRATIF. (*Quatrième Mode.*)

14. Temps simple et dérivé du présent de l'indicatif. (*Voyez ce temps.*)	Chant *e*.	Fini *s*.	Reçoi *s*.	Rend *s*.
	Qu'il chant *e*.	Qu'il finiss *e*.	Qu'il reçoiv *e*.	Qu'il rend *e*.
	Chant *ons*.	Finiss *ons*.	Recev *ons*.	Rend *ons*.
	Chant *ez*.	Finiss *ez*.	Recev *ez*.	Rend *ez*.
	Qu'ils chant *ent*.	Qu'ils finiss *ent*.	Qu'ils reçoiv *ent*.	Qu'ils rend *ent*.

NOTA. *L'impératif n'a point de première personne au singulier. La deuxième personne singulière est semblable à la première du présent de l'indicatif du même verbe. Pour la 1re conjugaison, elle finit par* e, *pour les autres conjugaisons, elle finit par* s, *excepté je veux qui fait* veuille, *je suis, sois, j'ai, impératif* aie. *La troisième personne du singulier finit toujours par* e.

SUBJONCTIF PRÉSENT OU FUTUR. (*Cinquième Mode.*)

Il faut, il faudra

15. Temps simple et dérivé du participe présent par le changement de ANT en *e*, *es*, *e*, *ions*, *iez*, *ent*.	Que je chant *e*.	Que je finiss *e*.	Que je reçoiv *e*.	Que je rend *e*.
	Que tu chant *es*.	Que tu finiss *es*.	Que tu reçoiv *es*.	Que tu rend *es*.
	Qu'il chant *e*.	Qu'il finiss *e*.	Qu'il reçoiv *e*.	Qu'il rend *e*.
	Qu'elle chant *e*.	Qu'elle finiss *e*.	Qu'elle reçoiv *e*.	Qu'elle rend *e*
	Que nous chant *ions*.	Que nous finiss *ions*.	Que nous recev *ions*.	Que nous rend *ions*.
	Que vous chant *iez*.	Que vous finiss *iez*.	Que vous recev *iez*	Que vous rend *iez*.
	Qu'ils chant *ent*.	Qu'ils finiss *ent*.	Qu'ils reçoiv *ent*.	Qu'ils rend *ent*.
	Qu'elles chant *ent*.	Qu'elles finiss *ent*.	Qu'elles reçoiv *ent*.	Qu'elles rend *ent*.

NOTA. *Le maître fera observer aux élèves que les finales de ce temps sont les mêmes pour les quatre conjugaisons.*

IMPARFAIT.

Il fallait, il fallut, il a fallu, il faudrait, etc.

16. Temps simple et dérivé du prétérit défini. (*Voyez ce temps.*)	Que je chant *asse*.	Que je fin *isse*.	Que je reç *usse*.	Que je rend *isse*.
	Que tu chant *asses*.	Que tu fin *isses*.	Que tu reç *usses*.	Que tu rend *isses*.
	Qu'il chant *ât*.	Qu'il fin *ît*.	Qu'il reç *ût*.	Qu'il rend *ît*.
	Qu'elle chant *ât*.	Qu'elle fin *ît*.	Qu'elle reç *ût*.	Qu'elle rend *ît*.
	Que nous chant *assions*.	Que nous fin *issions*.	Que nous reç *ussions*.	Que nous rend *issions*.
	Que vous chant *assiez*.	Que vous fin *issiez*.	Que vous reç *ussiez*.	Que vous rend *issiez*.
	Qu'ils chant *assent*.	Qu'ils fin *issent*.	Qu'ils reç *ussent*.	Qu'ils rend *issent*.
	Qu'elles chant *assent*.	Qu'elles fin *issent*.	Qu'elles reç *ussent*.	Qu'elles rend *issent*.

NOTA. *Le maître fera remarquer aux élèves que l'imparfait du subjonctif a quatre terminaisons différentes :* asse *pour les verbes de la 1re conjugaison;* isse, usse, insse, *pour les trois autres conjugaisons.*

PRÉTÉRIT.

Il faut.

17. Temps composé du présent du subjonctif du verbe *avoir*, et du participe du verbe que l'on conjugue.	Que j'aie	Que j'aie	Que j'aie	Que j'aie
	Que tu aies	Que tu aies	Que tu aies	Que tu aies
	Qu'il ait	Qu'il ait	Qu'il ait	Qu'il ait
	Qu'elle ait	Qu'elle ait	Qu'elle ait	Qu'elle ait
	Que n. ayons	Que n. ayons	Que n. ayons	Que n. ayons
	Que vous ayez	Que vous ayez	Que vous ayez	Que vous ayez
	Qu'ils aient	Qu'ils aient	Qu'ils aient	Qu'ils aient
	Qu'elles aient	Qu'elles aient	Qu'elles aient	Qu'elles aient
	} chant *é*.	} fin *i*.	} reç *u*.	} reç *u*.

PLUSQUE-PARFAIT.

Il aurait fallu.

18. Temps composé de l'imparfait du subjonctif du verbe *avoir*, et du participe passé du verbe que l'on conjugue.	Que j'eusse	Que j'eusse	Que j'eusse	Que j'eusse
	Que tu eusses	Que tu eusses	Que tu eusses	Que tu eusses
	Qu'il eût	Qu'il eût	Qu'il eût	Qu'il eût
	Qu'elle eût	Qu'elle eût	Qu'elle eût	Qu'elle eût
	Que n. eussions	Que n. eussions	Que n. eussions	Que n. eussions
	Que v. eussiez	Que v. eussiez	Que v. eussiez	Que v. eussiez
	Qu'ils eussent	Qu'ils eussent	Qu'ils eussent	Qu'ils eussent
	Qu'elles eussent	Qu'elles eussent	Qu'elles eussent	Qu'elles eussent
	} chant *é*.	} fin *i*.	} reç *u*.	} rend *u*.

manière suivante : je mont E *et* descend S *l'escalier ; je* reçoi S *et* vérifi E *vos comptes ; je* fend S *et* plac E *du bois ; j'*aim E *et je* puni S *mes élèves ; je* li S *et* étudi E *cette histoire. On conjugue toujours deux verbes à la fois ; un de la première conjugaison et un des trois autres, en détachant les finales. C'est la seule manière pour bien faire comprendre l'orthographe des verbes.*

99. On appèle verbes irréguliers les verbes qui ne suivent pas toujours la règle générale des conjugaisons.

TABLEAU des temps primitifs des verbes irréguliers.

Présent de l'infinitif.	Participe présent.	Participe passé.	Présent de l'indicatif.	Prétérit défini.
Aller.	Allant.	Allé.	Je vais (1).	J'allai.
Envoyer.	Envoyant.	Envoyé.	J'envoie.	J'envoyai.
Acquérir.	Acquérant.	Acquis.	J'acquiers.	J'acquis.
Courir.	Courant.	Couru.	Je cours.	Je courus.
Cueillir.	Cueillant.	Cueilli.	Je cueille.	Je cueillis.
Mourir.	Mourant.	Mort.	Je meurs.	Je mourus.
Revêtir.	Revêtant.	Revêtu.	Je revets.	Je revêtis.
Tressaillir.	Tressaillant	Tressailli.	Je tressaille	Je tressaillis
Vêtir.	Vêtant.	Vêtu.	Je vets.	Je vêtis
Venir.	Venant.	Venu.	Je viens.	Je vins.
Convenir.	Convenant.	Convenu.	Je conviens	Je convins.
Déchoir.	(2)	Déchu.	Je déchois.	Je déchus.
Echoir.	Échéant.	Échu.	Il échoit.	J'échus.
Falloir.		Fallu.	Il faut.	Il fallut.
Mouvoir.	Mouvant.	Mu.	Je meus.	Je mus.
Pleuvoir.	Pleuvant.	Plu.	Il pleut.	Il plut.
Pourvoir.	Pourvoyant	Pourvu.	Je pourvois	Je pourvus.
S'asseoir.	S'asseyant.	Assis.	Je m'assieds	Je m'assis.

(1) Tu vas, il va, nous allons, vous allez, ils vont. Tout impératif qui ne finit pas par un *s*, en prend un quand il est suivi du mot y ou *en*, à moins que *en* ne soit préposition. Ecrivez : *vas-y ;* de ta leçon, *récites-en* la moitié, mais dites : *va en* Italie. *Récite en* présence de monsieur.

(2) Lorsqu'un temps primitif manque, les temps qui en sont dérivés manquent aussi. Il n'y a d'exception que pour le verbe *falloir*, qui n'a point de participe présent, et qui pourtant *a l'imparfait*, il fallait, et le présent du subjonctif, qu'il faille.

PRÉSENT de L'INFINITIF.	PARTICIPE PRÉSENT.	PARTICIPE PASSÉ.	PRÉSENT de L'INDICATIF.	PRÉTÉRIT DÉFINI.
Savoir.	Sachant.	Su.	Je sais.	Je sus.
Surseoir.	Sursoyant.	Sursis.	Je surseois.	Je sursis.
Valoir.	Valant.	Valu.	Je vaux.	Je valus.
Voir	Voyant.	Vu.	Je vois.	Je vis.
Pouvoir.	Pouvant.	Pu.	Je peux, je puis. (1).	Je pus.
Absoudre.	Absolvant.	Absous.	J'absous.	
Résoudre.	Résolvant.	Résous, résolu.	Je résous.	Je résolus
Battre.	Battant.	Battu.	Je bats.	Je battis.
Boire.	Buvant.	Bu.	Je bois.	Je bus.
Braire.			Il brait.	
Bruire	Bruyant.			
Circoncire.		Circoncis.	Je circoncis	Je circoncis
Clore.		Clos.	Je clos.	
Conclure.	Concluant.	Conclu.	Je conclus.	Je conclus.
Confire.		Confit.	Je confis.	Je confis.
Coudre.	Cousant.	Cousu.	Je couds.	Je cousis
Croire.	Croyant.	Cru.	Je crois.	Je crus
Dire.	Disant.	Dit.	Je dis.	Je dis (2).
Faire.	Fesant.	Fait.	Je fais (3).	Je fis.
Luire.	Luisant.	Lui.	Je luis.	
Mettre.	Mettant.	Mis.	Je mets.	Je mis.
Moudre.	Moulant.	Moulu.	Je mouds.	Je moulus.
Naître (4).	Naissant.	Né.	Je nais.	Je naquis.
Rire.	Riant.	Ri.	Je ris.	Je ris.
Rompre.	Rompant.	Rompu.	Je romps.	Je rompis.
Traire.	Trayant.	Trait.	Je trais.	(5)
Vaincre.	Vainquant.	Vaincu.	Je vaincs.	Je vainquis
Vivre.	Vivant.	Vécu.	Je vis.	Je vécus

(1) Ce verbe n'a point d'impératif.

(2) Tu dis, il dit, nous disons, vous *dites*, ils disent. On conjugue de même *redire*; mais les autres composés de dire, comme *dédire*, se conjuguent régulièrement : vous *dédisez*, vous *contredisez*. Le verbe *maudire* fait : vous *maudissez*.

(3) Tu fais, il fait, nous fesons, vous *faites*, ils font. *Satisfaire* et *contrefaire* se conjuguent de même. Vous *satisfaites*, vous *contrefaites*. On écrit maintenant nous *fesons*, nous *contrefesons*, et non nous faisons, nous contrefaisons.

(4) Tous les verbes terminés par *aître*, comme *naître*, *paraître*, conservent l'accent circonflexe sur l'*i* quand cette lettre est suivie d'un *t* : je *paraîtrai*, nous *naîtrons*; mais il perd cet accent si l'*i* n'est pas suivi d'un *t* : *paraissez*, *naissant*.

(5) Les verbes *distraire*, *extraire*, *soustraire*, etc, n'ont pas de prétérit défini.

28me *Leçon.*

DU RÉGIME OU COMPLÉMENT.

100. Il y a deux sortes de régimes ou compléments : le *complément direct* et le *complément indirect.*

101. Le complément direct est l'être qui reçoit directement l'action que le sujet fait; il répond à la question *qui?* ou *quoi?* Exemples :

Ernest frappe *Jules.*

Alexandre chérissait *Ephestion.*

Ernest fait l'action de *frapper*, et cette action est transmise à *Jules* qui la reçoit directement; donc *Jules* est le complément direct de *frapper.* Ernest frappe *qui?* JULES.

Alexandre fesait l'action de *chérir*, et cette action était transmise à Ephestion qui la recevait; donc Ephestion est le complément direct de *chérir.*

Alexandre chérissait *qui?* EPHESTION.

Nous cultivons la vigne. Nous, fait l'action de *cultiver*, et cette action est transmise à la *vigne*; donc *vigne* est le complément direct. Nous cultivons *quoi?* LA VIGNE.

102. Le complément indirect est toujours séparé du verbe par l'une des prépositions *de*, *a*, *dans*, *chez*, *sur*, *vers*, *pour*, *contre*. Exemples : il marche *vers* la ville. Il part *pour* son frère. Il vient *de* Paris. Il écrit *à* son ami.

Le complément indirect répond à l'une des questions *à qui? à quoi? de qui? de quoi? dans qui? dans quoi?* etc. Il marche *vers quoi?* Vers la ville, complément indirect. Il part *pour qui?* Pour son frère, complément indirect.

29me *Leçon.*

DES DIFFÉRENTES SORTES DE VERBES.

103. Nous n'avons que deux sortes de verbes : le verbe *d'*ÉTAT et le verbe *d'*ACTION.

104. Le verbe d'état marque la situation, l'état dans lequel est le sujet; c'est le verbe *être* auquel on ajoute un adjectif, comme : *je suis inquiet*, *je serai content*, ou un participe passé, comme : *je fus admiré*, *je suis chéri*, *elles étaient satisfaites.*

Sans un dieu tout EST MORT ; le monde EST ARRÊTÉ.

105. Le verbe d'action exprime ce que fait le sujet, comme : *je marche*, *je lis*, *nous dormons*, *vous chérissez.*

Au défaut des hommes, souvent les animaux
De l'homme abandonné *soulagèrent* les maux.
Et l'oiseau qui *frédonne*, et le chien qui *caresse*,
Quelquefois ont suffi (1) pour charmer sa tristesse.

Le maître écrira sur le tableau noir le passage suivant ; il invitera ses élèves à trouver les verbes d'état qui y sont contenus, ensuite les verbes d'action ; l'élève soulignera une fois le verbe d'état (——) ; et le verbe d'action, il le soulignera en zig-zag (∿∿∿).

On doit de tous les Juifs *exterminer* la race.
Au sanguinaire Aman nous *sommes* tous *livrés* ;
Les glaives, les couteaux *sont* déjà *préparés* ;
Toute la nation à la fois *est proscrite.*
Aman, l'impie Aman, race d'Amalécite,
A pour ce coup funeste *armé* tout son crédit,
Et le roi trop crédule *a signé* cet édit.
Prévenu contre nous, par cette bouche impure,
Il nous *croit* en horreur à toute la nature ;
Ses ordres *sont donnés* ; et dans tous ses états,
Le jour fatal *est pris* pour tant d'assassinats.
Cieux, *éclairerez*-vous cet horrible carnage ?
Le fer ne *connaîtra* ni le sexe ni l'âge.
Tout *doit servir* de proie aux tigres, aux vautours ;
Et ce jour effroyable *arrive* dans dix jours.

---

(1) L'action ou la faculté active est aussi bien dans *dormir*, *languir*, que dans *courir*, *venir* ; il est vrai qu'elle est moins sensible, mais elle n'échappe pas à l'œil du grammairien philosophe Ainsi, au lieu des dénominations d'*actifs*, *passifs*, *réfléchis*, *pronominaux*, *neutres*, *impersonnels*, sous lesquelles on nous dépeint les verbes, et qui ne tendent qu'à fausser le jugement ; nous n'aurons que le verbe d'ÉTAT et le verbe d'ACTION.

Le maître fera faire plusieurs exercices semblables, il en trouvera dans tous nos bons auteurs.

30me *Leçon.*

106. Les verbes d'action se divisent en verbes *transitifs* et en verbes *intransitifs.*

107. Les verbes *transitifs* sont ceux qui ont un complément direct, et après lesquels on peut mettre un des mots *quelqu'un* ou *quelque chose;* LIRE est un verbe *transitif*, parce qu'on peut dire lire *quelque chose :* je lis *une lettre;* manger est un verbe transitif, parce qu'on peut dire manger *quelque chose :* manger *un fruit;* punir est un verbe transitif, parce qu'on peut dire punir *quelqu'un :* je punis les *élèves* paresseux. Le verbe transitif est communément appelé verbe *actif;* mais la dénomination de *transitif* est beaucoup plus logique que celle de verbe *actif*, puisque l'action que le verbe exprime est transmise sur un autre objet.

108. Les verbes *intransitifs* sont ceux qui n'ont pas de complément direct, et après lesquels on ne peut pas mettre *quelqu'un* ni *quelque chose ;* comme *aller*, *marcher*, *nager*, *courir*, *suffire*, *tomber*. L'exemple suivant renferme un verbe *transitif* et deux verbes *intransitifs.*

Ernest *étudie* sa leçon, pendant que ses camarades *folâtrent* et *rient* de son courage.

Etudie est un verbe transitif, parce qu'il a un complément direct; il étudie *quoi?* Sa LEÇON. *Folâtrent* n'a pas de complément, et *rient* n'a qu'un complément indirect, *de son courage.*

On voit que le verbe transitif a un complément direct et que le verbe intransitif n'en a pas ou qu'il ne peut avoir qu'un complément indirect. Le verbe intransitif est communément appelé verbe *neutre.*

Le maître s'attachera à bien faire sentir aux élèves la différence qu'il y a entre le verbe transitif et le verbe intransitif. Cette connaissance sera d'un grand secours pour les participes.

MODÈLE D'ANALYSE DES VERBES D'ÉTAT ET DES VERBES D'ACTION.

Verbes d'état.

Les	Art. simp. pl. des 2 genres déterminant *eaux.*
eaux	Subst. comm. fém. pl., sujet de *sont débordées.*
sont débordées,	Verbe d'état, 3e pers. plur. du prés. de l'indic.
elles	Pronom pers. 3e pers. pl. fém., suj. de *étaient baissées.*
étaient baissées.	Verbe d'état 3e pers. pl. de l'imp. de l'ind.

Faites analyser de même : je suis satisfait de tes procédés. Ta sœur est malade, elle est dans sa chambre où elle est retenue. Nous sommes enrhumés. Vous étiez inquiets. Nous sommes chéris de nos parents. Cette femme a été battue, elle est morte; les auteurs de ce crime seront punis. Julie sera récompensée, elle fut studieuse. Tu aurais été admis dans notre société; ces dames y seront admises aussi. Vous fûtes surpris. Il eût été admiré de tout le monde. Tes amis furent trahis.

Verbes d'action, transitifs.

Nous	Pron. pers. 1re p. pl. des 2 g., suj. de *avons fini.*
avons fini	Verbe d'action, transitif, parce qu'il a un compl. direct, 1re pers. plur. du prét. indéf. 2e conj. 2e mode.
cet	Art. démonst. masc. sing. déterminant *ouvrage.*
ouvrage.	Subst. comm. masc. sing. complément direct de *avons fini*
Tu	Pron. pers. 2e pers sing. des 2 genres sujet de *aurais enchanté.*
aurais enchanté	Verbe d'action, transitif, parce qu'il a un compl. dir. 2e pers. sing du cond. passé 3e mode 1re conj.
la	Art. simple fém. sing. déterminant *société.*
société.	Subst. comm. fém. sing. comp direct de *aurais enchanté.*
Mes	Art. poss. plur. des 2 genres déterminant *enfants.*
enfants	Subst. comm. masc. plur suj. de *étudieront.*
étudieront	Verbe d'action, transitif, 3e pers. plur. du futur simple 2e mode 1re conjug.
la	Art. simp. fém. sing. déterminant *géographie.*
géographie.	Subst. comm. féminin sing. compl. direct de *étudieront*

Faites analyser de même : cet enfant écrit une lettre à sa sœur ; elle la recevra le jour de sa fête. Cet homme nous a trahis; il vous aurait trahis de même. Nous aurions rendu ces papiers qui sont très-utiles ; mais nous les conserverons. Donne-moi tes plumes, je te les taillerai. Ton père te chérit. Nous vendîmes nos biens à cet étranger qui les paya à ton notaire. Ton ami te trompe, il nous eût trompés aussi. Il aurait fini sa lecture. J'ai reçu vos lettres et je les ai transcrites.

Verbes intransitifs.

Nous	Pron. pers. 1re pers. pl. des 2 genres sujet de marchons.
marchons	Verbe intransitif, parce qu'on ne peut pas dire marcher quelqu'un, 1re pers. pl. du prés. de de l'ind. 2e mode 1re conjug.
à	Préposition, mot invariable.
l'	Art. simp. masc. sing. déterminant *ennemi.*
ennemi.	Subst. comm. masc. sing. compl. indirect de *marchons.*
Les	Art. simp. pl. des 2 genres déterminant *rois.*
rois	Subst. comm. masc plur., sujet de *sont disparu.*
qui	Pron. rel. pl. des 2 genres, suj. de *ont régné.*
ont régné	Verbe intransitif, parce qu'on ne peut pas dire régner *quelqu'un*, 3e pers. plur. du prét. ind. 2e mode 1re conj.
sont disparus.	Verbe d'état. 3e pers. pl. du prés. de l'ind.

Faites analyser de même : ces hommes ont attenté à notre vie, ils ont abusé de notre confiance. Je viens de Paris ; ces dames partirent pour nous rejoindre. Elles nous ont nui. Tes amis auraient clabaudé contre nous. Ces hommes nous déplurent. Cette affaire contribuera à ma perte. Ces objets dépérissent Nous déviâmes de cette route. Je dînai avec votre ami. Il me suffit de vous connaître. Cette malheureuse affaire te nuira. Ton ami nous succèdera.

31me *Leçon.*

109. Un verbe, soit transitif, comme *croire*, soit intransitif, comme *douter*, peut être employé sans

complément; dans ce cas, il est pris intransitivement. Exemple :

La honte est de *douter*, le bonheur est de *croire*.

Ici *croire* et *douter* sont employés intransitivement, parce qu'ils n'ont pas de complément direct.

110. Le même verbe peut être *transitif* ou *intransitif*, selon qu'il a ou qu'il n'a pas de complément direct

Napoléon RECULA *les bornes* de la France.

Ici *recula* est transitif parce qu'il a un complément direct, *les bornes*.

Nos troupes, voyant leur général tué, *reculèrent*.

Ici *reculèrent* est intransitif, parce qu'il n'a pas de complément direct.

32me *Leçon.*

111. Si les verbes transitifs s'emploient quelquefois dans un sens intransitif, de même aussi plusieurs verbes intransitifs peuvent passer au sens transitif.

SENS TRANSITIF.	SENS INTRANSITIF.
On aborde *le vaisseau*.	On ne saurait aborder *de l'opéra*.
On adresse *la parole*.	On adresse *à un but*.
On parle *sa langue*.	On parle *à quelqu'un*.
On abuse *les gens*.	On abuse *de la confiance*.
L'eau baigne *les murs*.	Le corps baigne *dans l'eau*.

112. Tout verbe transitif peut se rendre par la voie passive (1).

VERBES TRANSITIFS.	VERBES PASSIFS OU D'ÉTAT.
J'*aime* mes enfants.	Mes enfants *sont aimés* de moi.
Tu *avertissais* tes amis.	Tes amis *étaient avertis* par toi.
Mon père te *louait*.	Tu *étais loué* de mon père.
Le chat *mange* la souris.	La souris *est mangée* par le chat.

(1) Les verbes communément appelés verbes *passifs* sont des verbes d'état. C'est un participe passé joint à l'auxiliaire *être*.

111. Les verbes intransitifs (ou neutres) ne peuvent pas se tourner par la voie passive. On dit bien :

Loin de nous l'homme vil, sans talent, sans vertu,
Qui *végète* et qui *meurt* avant d'avoir *vécu*.

On ne pourrait pas dire : *j'ai été végété*, *tu auras été mort*, *il aura été vécu*.

33me *Leçon.*

114. On appèle verbe réfléchi celui dont le sujet et le complément, direct ou indirect, expriment la même personne.

Je me conduis	pour	*je* conduis *moi*.
Tu te flattes	——	*tu* flattes *toi*.
*Il s'*habille	——	*il* habille *lui*.
Nous nous trompons	——	*nous* trompons *nous*.
Vous vous blessez	——	*vous* blessez *vous*.
Elles se contraignent	——	*elles* contraignent *elles, soi*.

Voilà des verbes réfléchis directs et transitifs.

Je me suffis	pour	*je* suffis *à moi*.
Tu te plaisais	——	*tu* plaisais *à toi*.
Ils se nuisaient	——	*ils* nuisaient *à eux*.
Elle se riait de vous	——	*elle* riait *en soi* de vous.
Nous nous succédions	——	*nous* succédions *à nous*.
Vous vous imaginiez cela	——	*vous* imaginiez cela *en vous*.

Voilà des verbes réfléchis indirects et intransitifs.

On voit que les verbes réfléchis sont des verbes d'action, ils sont transitifs ou intransitifs, selon qu'ils ont ou qu'ils n'ont point de complément direct.

115. Les verbes réfléchis directs ou indirects, se conjuguent avec deux pronoms de la même personne, comme : *je me*, *tu te*, *il se*, *nous nous*, *vous vous*, *elles se*. Le premier pronom est toujours sujet du verbe, et le second complément, direct ou indirect. Ces verbes prènent l'auxiliaire *être* aux temps composés, par raison d'euphonie, c'est-à-dire pour ne pas blesser l'oreille par un mauvais son. Ainsi, ne dites pas : *je m'ai trompé*, *tu t'as mépris*, *il s'a blessé*, *nous nous*

avons abusés, *vous vous avez flattés*. Dites : je me *suis* trompé, tu t'*es* mépris, il s'*est* blessé, nous nous *sommes* abusés, vous vous *êtes* flattés.

34me *Leçon.*

116. On appèle communément verbe *impersonnel*, ceux qui n'ont que la troisième personne du singulier, comme : *il faut*, *il pleut*, *il grêle*, *il semble*, *il y a*, *il est arrivé*, *il serait arrivé*, etc.

Ces verbes n'ont que la troisième personne singulière de chaque temps, ce sont des verbes intransitifs.

117. Les verbes transitifs (actifs) se conjuguent avec *avoir : j'*AI LU *cette histoire, nous* AURIONS ADMIRÉ *son courage*. Cependant les verbes transitifs dits réfléchis se conjuguent avec *être : je me* SUIS PLU *chez vous. Nous nous* ÉTIONS VUS. *Elles se* SERONT ADMIRÉES.

118. Les verbes intransitifs (neutres) se conjuguent avec avoir : *j'ai dormi*, *tu as régné*, *nous avons couru*. Cependant quelques uns de ces verbes se conjuguent avec *être ;* mais alors ils deviènent verbes d'état. Ces verbes sont : *aller*, *décéder*, *arriver*, *échoir*, *éclore*, *mourir*, *naître*, *venir*, *devenir*, *revenir*, *parvenir*, *tomber*. On trouve aussi ce dernier avec *avoir*, mais plus souvent avec *être*.

119. Il y a aussi des verbes intransitifs qui se conjuguent avec *avoir*, lorsqu'ils expriment une *action*, et avec *être* lorsqu'ils expriment un *état*. Les principaux sont : *accoucher*, *accourir*, *accroître*, *apparaître*, *cesser*, *monter*, *descendre*, *convenir*, *croître*, *déchoir*, *dégénérer*, *échapper*, *embellir*, *expirer*, *entrer*, *grandir*, *partir*, *passer*, *rester*, *sortir*, *vieillir*, *rajeunir*.

35me *Leçon.*

Avant de faire faire sur les verbes les exercices qui suivent cette leçon, le maître exigera que les élèves répondent clairement aux questions suivantes, sur lesquelles on devra revenir souvent.

120. Quelles remarques avez-vous à faire sur les trois personnes singulières du présent de l'indicatif des verbes ? (*voyez* les finales du tableau-modèle.)

La première personne singulière, pour les verbes de la première conjugaison, se termine par un *e* muet : je renouE.

La seconde par *es* : tu renouES.

La troisième, comme la première, par un *e* muet : il renou*e*.

Pour les trois autres conjugaisons en *ir*, en *oir* et en *re*, la première personne singulière finit par *s* : je fini s, je voi s, je met s; la seconde personne finit aussi par *s*; tu fini s tu voi s tu met s; la troisième personne finit généralement par T : il fini T, il voi T, il me T.

121. PREMIÈRE REMARQUE. Certains verbes de la seconde conjugaison, comme : *offrir, cueillir, ouvrir, souffrir,* ont la même finale au présent de l'indicatif que les verbes de la première conjugaison. Je cueillE, tu offrES, il ou elle ouvrE.

122. DEUXIÈME REMARQUE. Dans les verbes qui finissent par DRE à l'infinitif, comme *vendre*, la 3e personne singulière finit par D : il ven*d*, elle ren*d*, il confon*d*; à l'exception des verbes terminés en *gnant* et en *vant*, au participe présent, comme *craignant*, *résolvant*, qui perdent leur D pour prendre un T. Elle *craint,* il *résout*. Le verbe *vaincre* finit par *c*, il *vainc*.

123. TROISIÈME REMARQUE. Les verbes *vouloir, valoir* et *pouvoir,* se terminent aux deux premières personnes singulières par X : je *veux*, je *peux*, tu *veux,* et à la troisième personne par T : il *veut*, elle *peut*.

124. Quelles remarques avez-vous à faire sur la terminaison du pluriel du présent de l'indicatif? (*Voyez* le tableau-modèle.)

La terminaison des trois personnes plurielles du présent de l'indicatif est la même pour les quatre conjugaisons.

La 1re personne finit par ONS : nous chantONS.
La 2e personne finit par EZ : vous chantEZ.
La 3e personne finit par ENT : ils ou elles riENT.

125. PREMIÈRE REMARQUE. Les verbes *faire* et *dire* font exception, on dit : vous *faites*, vous *dites*, et non : vous *fesez*, vous *disez*.

DEUXIÈME REMARQUE. Les verbes *aller*, *faire*, *avoir* et *être*, font à la 3e personne plurielle : ils *vont*, elles *font*, ils *ont*, elles *sont*.

126. Quelles remarques avez-vous à faire sur l'imparfait? (*Voyez* le tableau-modèle.)

Tous les verbes des quatre conjugaisons se terminent à l'imparfait par *ais*, *ais*, *ait*, pour le singulier ; *ions*, *iez*, *aient* pour le pluriel.

127. Ceux qui ont un *i* ou un *y* au participe présent, se terminent par *iions*, *iiez*, *yions*, *yiez*, comme nous *priions*, vous *priiez*, nous *payions*, vous *nettoyiez*.

Écrivez sur le tableau noir vérifiant, épiant; *effacez la finale* ant *et substituez-y* ions, iez; *vous aurez* vérifiions, épiiez. *Écrivez* payant, employant; *effacez* ant *et substituez-y* ions, iez; *vous aurez* payions, employiez.

128. Quelles remarques avez-vous à faire sur le prétérit défini?

Le prétérit défini a quatre terminaisons différentes: il se termine par *ai*, *as*, *a*, *âmes*, *âtes*, *èrent*, pour les verbes de la première conjugaison; et pour les autres conjugaisons, il se termine par *is*, *us*, *ins* (1).

129. Quelles remarques avez-vous à faire sur le futur?

Tous les verbes de la première conjugaison ont un e *muet avant le* r (2), *à cause du radical. Écrivez* jouer *sur le tableau noir, ajoutez-y* ai, as, a, ons, ez, ont; *vous*

(1) *Voyez* le tableau-modèle.
(2) Au futur et au conditionnel.

aurez jouerai, joueras, *etc. Faites effacer les finales* ai, as, a, *il restera* jouer *qui est l'infinitif. Faites faire le même exercice sur plusieurs verbes de la* 1re *conjugaison.*

130. REMARQUE. Quelques verbes de la seconde conjugaison, comme *cueillir*, ont aussi un *e* muet avant le *r*, au futur : je *cueillerai.*

NOTA. *Le maître écrira sur le tableau noir le futur de quelques verbes de la seconde conjugaison ou de la quatrième, en mettant un* e *muet avant le* r. *comme j'*emplierai, *tu* receveras, *nous* combatterons; *puis il effacera les finales* ai, as ons, *il restera* emplier, recever, combatter *qui ne sont pas des verbes français. Les élèves sauront alors pour quelle raison les verbes en* ir, *en* oir *et en* re *n'ont point un* e *muet avant le* r, *au futur et au conditionnel, comme ceux de la première conjugaison.*

131. Quelles remarques avez-vous à faire sur l'impératif?

L'impératif n'a point de première personne singulière et commence par la seconde ; et, comme cette seconde se forme de la première de l'indicatif, dont on retranche le pronom *je*, elle se termine par un *e* muet pour les verbes de la première conjugaison. Je chante, *chante*, je cloue, *cloue*, je défie, *défie* ; pour les 3 autres conjugaisons, elle finit par *s* : je guéris, *guéris*, je vois, *vois*, je prends, *prends*. La troisième personne se termine par un *e* pour tous les verbes.

132. Quelles remarques faites-vous sur le présent du subjonctif?

Tous les verbes, au présent du subjonctif, sont terminés par *e*, *es*, *e*, pour le singulier, et par *ions*, *iez*, *ent*, pour le pluriel : que je voi*e*, que je tu voi*es*, qu'il voi*e*, qu'elle voie, que nous voy*ions*, que vous voy*iez*, qu'ils voi*ent*, qu'elles voi*ent*. Même remarque qu'à l'imparfait de l'indicatif, pour les verbes dont le participe présent est terminé par IANT, comme : *criant*, *sciant*, et par YANT, comme : *voyant*, *nettoyant*.

133. Quelles remarques faites-vous sur l'imparfait du subjonctif?

L'imparfait du subjonctif a quatre terminaisons différentes, *asse*, *isse*, *usse*, *insse*. Tous les verbes de la première conjugaison finissent par *asse :* que je *parlasse*, que tu *criasses*, etc. Les 3 autres conjugaisons finissent par *isse*, *usse* ou *insse*, que je *finisse*, que tu *reçusses*, que je *devinsse*.

EXERCICES SUR LES VERBES.

Le maître fera traduire par toutes les personnes du même temps les exercices suivants, qu'il prendra pour modèles d'analyse.

1er *Je suis estimé, je fais mes devoirs, je joue aux cartes.*

*Le maître dictera toujours trois verbes, un verbe d'*état, *un verbe* transitif *et un verbe* intransitif, *ou pris intransitivement, et de différentes conjugaisons. Après avoir dicté ces trois verbes, il les corrigera et les rendra aux élèves qui devront les traduire de la manière suivante :*

Tu es estimé, tu fais tes devoirs, tu joues aux cartes; Rose (1) est estimée, elle fait ses devoirs, elle joue aux cartes; nous sommes estimés, nous fesons nos devoirs, nous jouons aux cartes, vous êtes estimés vous faites vos devoirs, vous jouez aux cartes; Rose et Julie sont estimées, elles font leurs devoirs, elles jouent aux cartes.

Faites traduire de même les exercices ci-après :

2e Je suis satisfait, je prie dieu, je nuis à mes parents.

---

(1) Dans les écoles de garçons, on mettra un nom féminin à la 3e pers., pour les verbes d'état seulement, puis on remplace ce nom par un pronom, pour la 3e pers. plur., on mettra deux noms fém., comme *Rose* et *Julie*. Dans les écoles de demoiselles, on mettra, au contraire, un nom masc. au sing. et deux masc. au plur., *Ernest et Jules sont estimés.*

3e Je suis confus, j'étudie l'histoire, je cours à l'étude.

4e Je suis enjoué, je peinds ce tableau, j'échoue contre ce rocher.

5e Je suis enrichi, je cloue cette planche, je frémis de rage.

6e je suis aguerri, je franchis la frontière, je nage dans la Seine.

7e Je suis inquiet, je rejoins mes amis, je renonce au péché.

8e Je suis compris, je souris à ma mère, je remue cette affaire.

9e Je suis troublé, je nie ce fait, je succède à mon père.

10e Je suis parvenu, je nettoie cette place, je croupis dans l'ignorance.

EXERCICES A TRADUIRE SUR L'IMPARFAIT.

1er J'étais chéri, j'étudiais l'histoire, je préludais au bonheur.

2e J'étais enrhumé, je rendais mes livres, j'abordais au rivage.

3e J'étais retenu chez moi, je vérifiais mes comptes, je me plaisais au travail.

4e J'étais gai, je lisais Virgile, je recourais aux objections.

5e J'étais admiré, je me félicitais, je riais de ses sottises.

6e J'étais rajeuni, je saluais mes amis, je resplendissais de gloire.

7e J'étais surpris, je payais mon écot, j'approchais du but.

8e J'étais assis, je sciais ces planches, je m'étayais contre cet arbre.

9e J'étais empressé, j'obligeais tes parents, je vivais d'espérance.

10e J'étais admirateur, je voyageais, je souriais à ses regards.

EXERCICES A TRADUIRE SUR LE PRÉTÉRIT DÉFINI.

1er Je fus absent, je me frappai la poitrine, je me suffis.

2e Je fus saisi, je m'appitoyai sur son sort, je mourus de chagrin.

3e Je fus contraint, j'applaudis à vos succès, je m'initiai dans ce procès.

4e Je fus admis dans cet emploi, je le remplis avec zèle, je succédai à votre ami.

5e Je fus transi, j'appelai mon père, je parvins à m'échapper.

6e Je fus trahi, je reconnus mon erreur, je m'armai de courage.

7e Je fus compris, je cours à ma perte, je quittai la tribune.

8e Je fus introduit, je suppliai mes juges, je tressaillis de crainte.

9e Je fus ruiné, je perdis ma fortune, j'y substituai par mon industrie.

10e Je fus applaudi, je jugeai ses raisons, je conclus à sa perte.

EXERCICES A TRADUIRE SUR LE PRÉTÉRIT INDÉFINI.

1er J'ai été interpelé, j'ai répondu adroitement, j'ai gagné ma cause.

2e J'ai été indisposé, j'ai consulté le médecin, j'ai survécu à mes douleurs.

3e J'ai été trompé, j'ai cru à mes amis, j'ai abandonné mes parents.

NOTA. *Les exemples que nous venons de donner suffiront pour faire saisir la marche à suivre. Le maître aura soin de faire faire de semblables exercices sur tous les temps des verbes. Lorsqu'il jugera ses élèves suffisamment exercés, il leur dictera les devoirs suivants, qu'il fera analyser sur le tableau noir après les avoir corrigés.*

DICTÉES POUR ÉCRIRE SUR LE TABLEAU NOIR.

(*Après avoir corrigé le singulier, on les traduira par le pluriel.*)

1re DICTÉE. Cet élève joue bien, il étudie mal, Ernest (1) aime sa sœur, il la chérit; tu ignores les ruses qu'il emploie pour faire ses devoirs; il les copie sur ceux de ses camarades. Le genou plie, le sapajou plait, il amuse.

2e Le tribunal prononce son jugement, il condamnera les coupables. Ernest avoue qu'il s'amuse, il dit franchement qu'il aime le jeu. Le filou vole, s'il est pris, on le juge. Rose se marie, elle sera heureuse. Je te préviens que tu seras estimé, si tu travailles.

3e Je suis enrhumé, je reste dans ma chambre où je m'ennuie beaucoup. Cette décision solennelle impose, elle triomphera. Ma sœur est venue me voir, j'en ai été enchanté. Adolphine gémit de la conduite que tu tiens, elle t'aime beaucoup.

4e Jules invitera sa sœur à venir, il la priera de rester quelques jours avec nous. Ce vaisseau vogue, il naviguera. Tu chantas hier la petite ariette que je chantai chez toi la semaine dernière. Ce mur nous séparait, il nous contrariait, tu l'abattis.

5e Ma sœur est disposée à partir pour la campagne où elle est attendue. Je vérifierai mes comptes avec toi, je te prierai de repasser mes additions; car je crains de commettre quelques erreurs. Cette mère chérit ses enfants, elle les aime, elle les caresse. Je relis ces vers, je les trouve excellents. Relie les cordons de tes souliers.

6e Cette affaire nous contrarie; elle fut bien malheureuse. Tu vis mes enfants, tu les caressas, tu leur donnas des bonbons. Ta mère lit les ouvrages que tu lus le mois passé, elle les aime beaucoup. Je mets mes

---

(1) Au pluriel on écrira : *Ernest* et *Jules* aiment leurs sœurs.

devoirs au net, mets-y les tiens. Pars pour ta pension et avoue à ton maître que tu as eu tort.

7e Julie embellit, elle est embellie. Cette femme vieillit, tu la trouves vieillie. Je m'aperçois que l'œil du maître nous aperçoit. Tu bois les liqueurs que je vends. Ce chien aboie, il mord les passants. Je trouvai la bague que ta mère perdit, je la vendis à un orfèvre.

8e Ce prince pacifiera son pays, pacifie le tien. J'oublie les injures que tu me donnas, oublie celles que tu reçus. Je bénéficiais sur ces marchandises que je vendais. Dans mon jeune temps, je défiais les plus forts joueurs que je trouvais dans nos asssemblées. Je combattrai encore celui qui se présentera.

9e Je contribuai à ton bonheur, tu contribuas au sien. Je bondis de joie en apprenant cette heureuse nouvelle. Je comprends que tu acceptes ce défi. Crainds, mon fils, d'offenser Dieu. Chéris tes parents et aime tes amis, sois leur fidèle. Tu encloueras cette pièce, puis tu l'abandonneras. Ta sœur pâlit, elle est pâlie.

10e Cette pêche pourrit, elle est pourrie. J'atténuerai cette affaire, fais tous tes efforts pour réparer tes torts, dis-moi franchement que tu as manqué et que tu t'en repens. Joue aux cartes, j'y jouerai aussi. Cette vigne dépérit tous les jours; elle dépérira encore, elle est même déjà très-dépérie. Rejoins tes amis et suis-les.

11e Je déplais à cet homme, tu lui déplus aussi; tu ne dévieras pas du sentier de l'honneur, tu rompras avec ces hommes impies. Je dormis profondément et n'entendis aucun bruit dans mon appartement. Ce cheval mue, il muera encore plus au printemps. Je tue ce lièvre, tu en tueras un autre, ou tue celui-ci. Tu coudoies ton ami, tu veux me tromper, préviens-le que je ne souffrirai aucune injure.

12e Je te voyais tandis que tu criais au secours. Distribue ton bien aux pauvres. Je conviens que tu t'es trompé. Cet enfant se noie, cours le sauver. J'épie cet homme et le surprendrai. Je payais mon avocat et le priais de cesser les poursuites qu'il dirigeait contre toi. Tu m'initias dans ce secret et je le connus. Tu éternues sans cesse, prends cette poudre et tu n'éternueras plus.

36me *Leçon.*

OBSERVATIONS SUR CERTAINS VERBES DE LA PREMIÈRE CONJUGAISON.

134. On appèle *racine* ou *radical* d'un verbe la partie du verbe qui ne change point; et l'on appèle *finale* ou *désinence* la partie qui est susceptible de varier à chaque personne.

Ainsi : JOU est le radical de JOUER, et ER en est la finale ; PREND est le radical de *prendre*, et RE en est la finale dans nous *chantons*, le radical est CHANT, et la finale est ONS; dans vous *appelez*, le radical est APPEL, et la finale est ez ; dans ils *boiront*, le radical est BOI, et la finale est RONT.

Le maître invitera un élève à écrire sur le tableau noir le radical de marcher (MARCH), *puis il lui dira : ajoutez à ce radical les finales du présent de l'indicatif; à un autre élève du cercle : ajoutez à ce radical les finales de l'imparfait; à un autre élève : ajoutez les finales du prétérit défini (à chaque fois on effacera les finales), et ainsi de suite pour tous les temps simples. A une autre leçon, on prendra le radical d'un autre verbe, et on le conjuguera de la même manière.*

37me *Leçon.*

135. Dans les verbes en GER, comme *abréger*, le *g* doit toujours être suivi d'un *e* muet avant l'*a* et l'*o* : tu abrégE as, nous jugE ons.

136. Dans les verbes en CER, comme *effacer*, le c prend une cédile avant l'*a* et l'*o* : j'*effaçai*, nous *lançons* des pierres.

137. Dans les verbes terminés à l'infinitif par *yer*, comme *tutoyer*, ou dont le participe présent est ter-

miné par *yant*, comme *croyant*, on change l'*y* en *i* simple, lorsque cette lettre est suivie d'un *e* muet : j'*envoie*, je *paie*, elles *croient*, ils *tutoieront*.

138. Les verbes qui sont terminés par *iant*, au participe présent, comme *pliant*, prènent deux *ii* à la première et à la seconde personne du pluriel de l'imparfait de l'indicatif et du présent du subjonctif : nous *priions* le seigneur, que vous *sciiez* ce bois.

Ceux qui sont terminés par *yant* au participe présent, ont aux mêmes personnes un *i* après l'*y* : *payions*, *ployiez* ; excepté *ayant*, *ayons*.

On écrira au présent de l'indicatif :

Maintenant nous *employons* notre temps au jeu et et vous *employez* le vôtre au travail ,

Et à l'imparfait :

Lorsque nous étions en Suisse, nous *employions* notre temps à parcourir les sites de cet étonnant pays, tandis que vous *employiez* le vôtre à en décrire les beautés.

On écrira au subjonctif :

Il faut que nous nous *reconciliions* avec Dieu, et vous, que vous le *priiez* avec nous (*voyez* les n°s 126 et 127).

38me *Leçon.*

139. Plusieurs grammairiens disent que dans les verbes terminés par ELER, comme *appeler ;* par ETER, comme *jeter*, on double les lettres *l* ou *t*, quand elles se trouvent entre deux *e* muets : ainsi ils écrivent j'*appelle* avec deux *ll*, parce que la lettre *l* se trouve entre deux *e* muets, et j'*appelais* avec un seul *l* ; je *jetterai* avec deux *tt*, parce que le *t* se trouve entre deux *e* muets ; et il *jeta*, avec un seul *t*. Mais c'est une erreur : le radical de *appeler* est *appel*, celui de *jeter* est *jet*, il ne faut donc pas doubler le *l* ni le *t*, dans aucun cas.

140. L'académie grammaticale a décidé que l'accent grave doit tenir lieu du doublement inutile de la

consonne, écrivez donc : j'*appèle*, je *jète*, je *nivèlerai*, il *cachètera*. Les grammairiens qui veulent qu'on double le *l* ou le *t* disent que cette règle est fondée sur ce que notre langue ne peut souffrir deux *e* muets de suite à la fin d'un mot, parce qu'avant la chûte du son, il faut un appui à la voix ; et bien, en mettant l'accent grave sur l'*è* qui précède la lettre *l* ou *t*, vous n'avez pas deux *e* muets de suite, et vous évitez bien des exceptions. Nos bons auteurs suivent maintenant cette orthographe.

141. Tout verbe qui a un *e* muet ou un *é* fermé dans le radical, change cet *e* en *è* grave, chaque fois qu'après lui vient un autre *e* muet. Ex. :

L'enfant *épèle*, il *épela*, tu *jèteras* une pierre comme celle que j'ai *jetée*. Cette plante *végète*, elle *végéta*. Je *répète* la leçon que vous *répétez*. Cet arbre *dégénère*, il *dégénéra*. Je *sème*, nous *semons*. Tu *cèderas*, nous *cédâmes*. Nous *dépècerons*, vous *dépécez*, etc.

39me *Leçon*.

142. Tout verbe qui a une double consonne dans son radical, la conserve dans toute la conjugaison ; ainsi écrivez je *grelotte*, je me *flatte*, je *dérouillerai*, nous nous *habillons*, vous vous *brouillerez*, parce que ces verbes ont une double consonne dans le radical.

143. Dans les verbes en *ouer*, *uer*, comme *vouer*, *suer*, on met un tréma sur l'*ï* des finales *ïons*, *ïez*, aux personnes plurielles de l'imparfait de l'indicatif et du présent du subjonctif, pour les détacher du radical : nous *dévouïons*, vous *jouïez*. Les verbes *fatiguer* et *intriguer* ne suivent pas cette règle.

144. Les verbes terminés au présent de l'infinitif par *éer*, comme *créer*, ont deux *éé* au participe masculin et trois au participe féminin : un homme *créé*, une femme *créée* ; un homme *agréé*, une femme *agréée*.

145. Certains verbes, comme : *envoyer*, *renvoyer*, *courir*, *recourir*, *parcourir*, *voir*, prènent deux *rr* au futur et au au conditionnel : j'*enverrai*, tu *courras*, elles *courront*, il *enverrait*, nous *verrions*.

40me Leçon.

REMARQUES SRR CERTAINS VERBES DE LA SECONDE CONJUGAISON.

146. *Bénir* a deux participes passés : *béni*, *bénit*, *bénie*, *bénite*. Quand le participe s'applique aux cérémonies de l'église, il fait *bénit*, *bénite*; partout ailleurs il fait *bénie*, *bénis*. Cette famille est *bénie* des *pauvres*.

147. Le verbe haïr est de deux syllabes à l'infinitif, et s'écrit avec deux points sur l'*ï*, il retient la même orthographe et la même prononciation dans tous les temps, excepté aux trois personnes du singulier du présent de l'indicatif : je *hais*, tu *hais*, il *hait*, et à la seconde personne du singulier de l'impératif, *hais* le mensonge.

148. Le verbe *fleurir* fait *fleurissant* quand il est pris dans le sens de pousser des fleurs : les amandiers *fleurissaient*; mais quand il s'agit de la prospérité d'un état, des arts, il fait *florissant* : les arts *florissaient* sous Louis XIV.

EXERCICES GÉNÉRAUX SUR LES VERBES.

Le maître fera faire aux élèves des exercices analogues à ceux qui suivent : on les analysera toujours après qu'ils auront été corrigés. Il devra y tenir les enfants assez long-temps. On les écrira sur le tableau noir tels qu'ils sont dans la Grammaire populaire; *après avoir corrigé le singulier, il les fera traduire par le pluriel.*

Premier exercice. Je jouerai aux lotos avec mes amis, j'espère que je gagnerai. Je lirai cette histoire tandis que tu lieras les paquets et que tu les enverras au roulage. Ernest priera ses cousins de venir avec nous; il les divertira beaucoup, car il sait faire bien des tours.

2° Je vais aller à la pension, j'y resterai toute la journée; à mon arrivée, j'étudierai ma leçon, puis je la répèterai. Tu viendras le soir chez nous, tu t'amuseras avec moi dans mon jardin, tu bècheras la terre, et moi, je la sèmerai; quand tu seras fatigué, tu te jèteras sur l'herbe pour te reposer.

3e Hier, je me levai à quatre heures, je me lavai, je sortis de la maison et je courus au village où je rencontrai mon père, il était fâché, je voulus l'appaiser; mais il me tourna le dos sans me répondre; tu vins dans cet instant et tu nous reconcilias; tu me rendis là un bien grand service.

4° Tu allas à la ville le mois dernier, tu y trouvas des livres que je cherchais depuis long-temps, tu les achetas et tu me les revendis; je les lus avec avidité. Julie partit le mois dernier pour la campagne, elle revint la semaine dernière, je fus enchanté de son arrivée, mon père la revit avec plaisir, mais bientôt elle nous déplut.

5° Je te renouvèle mes protestations d'amitié, tu me renouvelas les tiennes; Ernest me renouvela les siennes hier. Tu nageais dans la Loire. Mon ami plongea dans ce gouffre, il y périt. Je payais mon écot tandis que tu t'enfuyais, tu paieras le tien plus tard. Avoue que tu t'es mal conduit envers nous.

6° Je broie des couleurs, tu en broieras aussi, je les broyais pendant que tu reliais les paquets. Je soulève la question qu'Ernest souleva, elle fut soulevée hier et tu la résolus mal. Mon fils, mets ta confiance en ton père, écoute les sages avis de tes parents, et suis leurs conseils. Je cède à tes instances cèderas-tu aux nôtres?

7° Je succède à cet homme qui succéda à ton père. Je te révèlerai les secrets les plus importants; mais tu ne les révèleras à personne. Tu jugeras combien je t'aime, quand tu sauras les personnes que je m'aliène pour toi. Je nettoyais les tables tandis que tu balayais la classe. Je devins furieux, quand j'appris les sottises que tu fis.

8e Je m'ennuyais pendant que je voyageais. J'étudiai cette histoire, je l'appris, je la récitai, et elle plut à mon père. Ce filou crochète adroitement, il il crocheta mon secrétaire. Tu changeas de conduite, ton protecteur te chargea de ses affaires et tu parvins à mériter sa confiance. Tu attelas ces chevaux, je les attèlerai aussi. Perçois mes rentes et distribue-les à mes enfants.

9e Cette bonne mère s'inquiète de son fils, il ne s'inquiéta jamais d'elle. Je défiais la fortune quand tu ployais sous le malheur. Je recachète la lettre que tu décachetas, je l'envoie à son adresse. Tu interprètes mal les choses que je te dis, je voudrais que tu les comprisses mieux. Tu as manqué à ton ami, il fallait que tu l'engageasses à venir.

10e Tu voudrais que je travaillasse mieux et que j'employasse mieux mon temps; travaille mieux toi-même et emploie mieux le tien, paie d'exemple. Mon fils, reviens de ton erreur et avoue-nous tes torts. Promets-nous que tu ne commettras plus les mêmes fautes. Il faudrait que je visse plus clair et que je ménageasse ma vue. Cet homme se dévoua pour la patrie et il ne s'en repentit pas.

11e Cette viande se corrompra, parce qu'elle est déjà gâtée. Je rencontre ces deux enfants, je les examine, je les interroge et je les reconnais. Tu appuyais ce méchant de ton crédit, tandis qu'il t'injuriait. Il t'injurie de nouveau et t'injuriera encore. Rappèle-toi, mon ami, que tu me promis d'être sage, et cependant tu hues les passants.

12e C'est toi, mon fils qui as eu le malheur d'être blessé dans ce combat, qui as tué plusieurs ennemis et qui t'es si bien distingué. Remets-moi les objets que ton frère te donna, ou dis franchement que tu les perdis à la promenade. Apprécie le tort que tu te fais en soutenant le mensonge. Cette bête chancela du coup qu'elle reçut. Je côtoie la côte et je m'y recrée.

13e Je plains ces malheureux, tu les plaindras aussi. Julie feignit d'être fâchée, et il lui fit des reproches amers. Ta pauvre mère gémit quand elle apprit les malheurs qu'il t'arriva. Le sot n'entre ni ne sort, comme l'homme d'esprit. Le sage guérit de l'ambition par l'ambition même; il tend à de si grandes choses, qu'il ne peut se borner aux richesses.

14e Cet homme renouera les négociations que je renouai. Ce chien qui aboie maintenant n'aboiera plus, tu le tueras. Cette fleur s'épanouit dès que le soleil paraît. Meurs, s'il le faut, et ne te plainds pas; sers ta patrie et sacrifie-lui ta vie. Cet avocat changea de langage quand il vit qu'il perdrait son procès. Je nie ce fait et le nierai toujours.

15e Le courtisan feint le caractère le plus conforme aux vues qu'il a, et paraît tel qu'il croit que son intérêt l'exige. Il sait parler et parle ambiguement; il use d'expressions équivoques qu'il fait valoir ou qu'il diminue selon ses intérêts. Il fallait bien que j'achevasse mon dessin et que j'obtinsse la permission de sortir.

16e Ta mère reçut une lettre qu'elle arrosa de ses larmes. Je publiai les ouvrages que tu imprimas, il aurait fallu que je les publiasse plus tôt. Ce magistrat défendit les jeux que la malignité créa. Je renouerai mes relations avec cet homme que tu plongeas dans la misère. Mon père voudrait que je me couchasse de bonne heure pour que je me levasse matin et que je partisse pour la campagne.

17e Il était inutile que tu prisses tant de précautions pour que tu restasses en si beau chemin. Il faudrait que tu promisses moins et que tu tinsses parole. Quand je me rappèle l'aventure que tu me rappelas, je ris beaucoup. Le soldat ne sent pas qu'il soit connu: il meurt obscur dans la foule où il vit. Il vivait de même à la vérité, mais il vivait.

18e La meilleure action s'altère et s'affaiblit par la

manière dont elle se fait, et laisse même douter des intentions. Celui qui par sa naissance se démêle d'avec le peuple, et qui s'expose aux yeux des hommes, pourrait même sortir par effort de son tempérament, s'il n'était pas porté à la vertu. Tu niais la vérité pendant que je priais pour toi. Assieds-toi et couds tes habits.

19e Je me lève à sept heures, je range mon cabinet, j'étudie mes leçons, je mets mes devoirs au net, je travaille une heure à l'anglais, j'apprends un verbe de cette langue; à dix heures je descends dans la salle à manger, je vais ensuite me promener, je cueille quelques fleurs, je les contemple, puis je rentre dans ma chambre où j'écris de nouveau.

20e Tu pars pour la promenade, tu prends ton couteau, tu déracines les plus jolies plantes, tu les offres à ta sœur, tu reviens à la maison content de ton voyage. Il faudrait que tu employasses bien ton temps, que tu sortisses de ta chambre de bonne heure, que tu travaillasses jusqu'à huit heures et que tu apprisses l'allemand jusqu'à onze heures. Cette mère avertit ses enfants du malheur qui leur arriva, elle les prévint à temps.

21e Ces hommes se revêtent du manteau de l'hypocrisie. Il se résout à la mort. Il faut que je vous absolve, je le fais. Cet homme acquiert tous les jours de l'importance, tu en acquerras aussi. Je confis des prunes, et toi tu me confies ton secret; mais sois tranquille, je ne le confierai à personne. Tu contredis cet enfant qui te contredira aussi. Tu m'interdis ce plaisir, pourtant je l'aimais.

22e Si tu dédis ton ami, il te dédira de même. Ce métal se dissout au feu. Je peux te nuire, ton frère le peut aussi; mais il ne le fera pas. A mon arrivée, je le trouvai chez moi, je repartis avec lui. Ce tribunal ressortit de la cour royale d'Amiens. J'appris ton mal hier, et je t'avouerai que j'en ris lorsque ta sœur me le conta, tant je le trouve minime.

Comme ces exercices sont très-simples, je n'en donnerai

pas davantage, le maître pourra facilement en faire de pareils.

41me Leçon.

DE LA PRÉPOSITION.

149. La préposition est un mot invariable qui marque le rapport d'un substantif, ou d'un pronom, ou d'un verbe, à un mot qui précède. Ex. :

Un père fait son bonheur EN *travaillant* A *celui* DE *ses enfants.*

EN marque le rapport du substantif *bonheur*, au verbe *travaillant ;* A marque le rapport de ce verbe au pronom *celui ;* DE marque le rapport de ce pronom au substantif *enfant.*

Voici les prépositions les plus usitées :

A.	Derrière.	Loin de	Sauf.
Après.	Dès.	Malgré.	Selon.
Attendu.	Devant.	Moyennant.	Suivant.
Auprès de.	Durant.	Nonobstant.	Sur.
Avant.	En.	Outre.	Touchant.
Avec.	Entre.	Par.	Vers.
Chez.	Envers.	Parmi.	Vis-à-vis.
Contre.	Environ.	Pendant.	Voici.
Dans.	Excepté.	Pour.	Voilà.
De.	Hormis.	Près.	
Depuis.	Hors.	Sans.	

42me Leçon.

DE L'ADVERBE.

150. L'adverbe est un mot invariable qui se place ordinairement près du verbe ou de l'adjectif pour en déterminer la signification. Si je dis *Ernest chante,* je ne présente que l'idée de *chanter ;* mais si je dis : *Ernest chante* PARFAITEMENT, ce mot PARFAITEMENT modifie le verbe *chanter*, il dit de quelle manière Ernest *chante.*

Voici les adverbes les plus usités :

Alors.	Dedans.	Hier.	Pourtant.
Assez.	Dehors.	Jadis.	Près.
Aujourd'hui.	Déjà.	Jamais.	Peu.
Auparavant.	Demain.	Ici.	Plus.
Aussi.	Désormais.	Là.	Presque.
Autant.	Dessous.	Loin.	Tout.
Auprès.	Dessus.	Maintenant.	Tôt.
Beaucoup.	Enfin.	Mal.	Toujours.
Bien.	Ensemble.	Même.	Très.
Bientôt.	Ensuite.	Mieux.	Trop.
D'abord.	Fort.	Moins.	Souvent.
Davantage.	Guère.	Où.	Volontiers.

Généralement les mots terminés en *ment* sont adverbes et se forment des adjectifs, comme : *sagement*, de *sage ; poliment*, de *poli ; honnêtement*, de *honnête ; agréablement*, d'*agréable*.

151. Certains adjectifs, comme : juste, faux, court, droit, haut, etc., sont quelquefois employés comme adverbes : *parler juste* (dans un sens juste), *il chante faux* (sur un ton faux).

43me *Leçon.*

DE LA CONJONCTION.

152. La conjonction est un mot invariable qui marque un rapport entre deux membres de phrase, comme *et, donc, car, dans : soyez homme d'honneur* ET *ne trompez personne*. ET sert à lier le premier membre de phrase *soyez homme d'honneur*, au second membre de phrase *ne trompez personne*. Je pense, DONC Dieu existe ; CAR ce qui pense en moi, je ne le dois point à moi-même.

Voici les principales conjonctions :

Ainsi.	Et.	Ou.	Savoir.
Ainsi que.	Lorsque.	Parce que.	Si.
Car.	Mais.	Puisque.	Soit.
Comme.	Néanmoins.	Quand	Toutefois.
Cependant.	Ni.	Que.	
Donc.	Or.	Quoique.	

153. On appèle expressions conjonctives les conjonctions suivantes : *afin que*, *à moins que*, *avant que*, *en cas que*, *bien que*, *encore que*, *de peur que*, *de crainte que*, *jusqu'à ce que*, *pour que*, *pourvu que*, *jusqu'à ce que*, *supposé que*, *sans que*, *soit que*; parce qu'elles sont composées de plusieurs mots.

154. On distingue la conjonction *que* du *que* relatif, en ce qu'elle ne peut pas se tourner par *lequel laquelle*. Dans cet exemple : je doute QUE le livre *que* tu lis soit instructif; le premier *que* est une conjonction, et le second un pronom relatif.

44me *Leçon.*

DE L'INTERJECTION.

155. L'interjection est un mot invariable qui sert à peindre une affection vive et subite de l'âme. Ainsi, quand on dit : *quel malheur*, HÉLAS ! *nous accable ! Vous voilà*, AH ! *que vous me faites plaisir !* Les mots HÉLAS ! et AH ! sont des interjections.

Voici les principales interjections :

Ah !	Fi !	Ça !	Bon !
Ha !	Hélas !	Allons !	Ferme !
Oh !	Pouf !	Adieu !	Fi donc !
Ho !	Hola !	Alerte !	Gare !
Eh !	Chut !	Quoi !	Courage !
Hé !	Paix !	Hem !	

Le maître écrira sur le tableau noir les vers suivants, il invitera les élèves à souligner d'abord les mots invariables, ensuite à analyser tous les mots.

Mais quel crayon rendra le doux tableau
Qu'offre l'aspect d'une mère adorée ?
Son œil craintif veille à notre berceau,
De notre enfance elle embellit l'entrée.
Quand de nos ans se colore la fleur,
Son amitié nous guide et nous éclaire.
Pour nous tromper, le vice adulateur,
Nous cherche en vain dans les bras d'une mère.

SECONDE PARTIE.

45me *Leçon.*

DU PARTICIPE.

156. Le participe est un mot qui tient du verbe et de l'adjectif : du verbe, en ce qu'il exprime une action ; de l'adjectif, en ce qu'il ajoute aussi au substantif une idée quelconque.

157. Il y a deux sortes de participes : le participe *présent*, qui est toujours terminé par ANT ; le participe *passé* dont les terminaisons sont *é*, pour la première conjugaison, *u*, *i*, *is*, *int*, *ert*, pour les trois autres conjugaisons.

DU PARTICIPE PRÉSENT.

158. Le participe *présent* ne varie jamais : *nous avons vu ces tendres mères* CARESSANT *leurs enfants.*

159. Il ne faut pas confondre le participe présent avec l'adjectif verbal, qui est aussi terminé par *ant*, et qui, comme tous les autres adjectifs, varie selon le genre et le nombre du substantif auquel il se rapporte : *nous avons vu ces tendres mères* CARESSANTES, *presser leurs enfants sur leurs bras.*

46me *Leçon.*

160. Le participe présent marque une action faite par le sujet, il a ordinairement un complément exprimé ou sous-entendu.

161. On reconnaît qu'un mot est participe présent, quand on peut le traduire par *en*. Ex. :

Ces loups, HURLANT *sans cesse, vont çà et là* CHERCHANT *leur proie.*

Hurlant et *cherchant* sont des participes présents

qui expriment une action. On peut dire : ces loups vont çà et là EN *hurlant* et EN *cherchant* leur proie.

On peut encore reconnaître le participe présent, quand on peut le remplacer par un des temps du même verbe à l'aide d'une des conjonctions *comme*, *quand*, *lorsque*, *puisque*. Ex. : *je les ai vus* ÉCRIVANT *et non* LISANT. On peut dire : je les ai vus QUAND ils écrivaient et non QUAND ils lisaient.

Ces vergers APPARTENANT *à vos parents, ils doivent en recueillir les fruits.* On peut dire : COMME ou PUISQUE ces vergers appartiènent à vos parents, ils doivent, etc.

Tel enfin *triomphant* de sa digue impuissante,
Un fier torrent s'échappe, et l'onde *mugissante*
Traîne, en *précipitant* ses flots amoncelés,
Pâtre, étable, troupeaux, confusément roulés.

Triomphant est un participe présent, on peut le traduire par *en* et dire : *tel* EN *triomphant*, ou par *parce que* et dire : tel *parce qu'il* triomphe, etc. *Mugissante* est un adjectif verbal qui s'accorde avec son sujet onde ; il marque l'état, la manière d'être de l'onde. *Précipitant* est un participe présent précédé du mot *en*.

EXERCICES SUR LE PARTICIPE PRÉSENT (1).

PREMIER EXERCICE. Nous avons vu des chiens dévorants se disputant leur proie. Entendez-vous ces chevaux hennissant et ces trompettes retentissantes? C'est le présage du combat qui s'apprête. Nous avons vu au Musée des tableaux parlants. Nous avons vu des monstres marins dégoutants et dégoutant d'eau.

Un moment elle est gaie, un moment sérieuse,
Riant, pleurant, jasant, se taisant tour-à-tour,
Enfin changeant d'humeur mille fois en un jour.

---

(1) Le maître écrira sur le tableau noir tous les mots en *ant* au masculin singulier. Il continuera à laisser des fautes dans les verbes, il en préviendra les élèves. Les exercices devront toujours être précédés d'une explication sur les règles qu'ils renferment, et suivis de l'analyse grammaticale.

2e Les vierges de Raphaël sont ravissantes de beauté. Le berger a surpris deux loups ravissant un mouton. Ces orangers, charmant la vue et embaumant l'air, semblent nous transporter dans un séjour ravissant. Point d'importuns laquais épiant nos discours, critiquant tous nos maintiens, comptant nos morceaux d'un œil avide, s'amusant à boire et murmurant d'un trop long dîner. C'est une femme allant et agissant, mais d'ailleurs contrariante et médisante.

3e J'ai vu ta mère bien souffrante. J'ai trouvé ta sœur souffrant de la goutte. Cet homme avait des yeux pénétrants, son accueil était dur, ses paroles menaçantes. Voilà des gens riant à tous propos. Ce sont des femmes allant toujours, agissant du matin au soir; mais d'ailleurs contrariant tout le monde et médisant de leur prochain. Quand la fémelle de l'ours a perdu ses petits, elle annonce sa douleur par ses cris perçants, elle est triste et gémissante : c'est une mère pleurant ses petits.

4e Ce sont des femmes perpétuellement allant, perpétuellement agissant; mais du reste sans cesse contrariantes et naturellement médisantes. J'ai toujours vu ceux qui voyageaient dans de bonnes voitures bien douces, rêveurs, tristes, grondants ou souffrants. Votre sœur inspire le plus tendre intérêt, on la voit si souffrante et en même temps si prévenante, si touchante et si peu tourmentante. Les feux du midi brûlant nos campagnes, sont des feux bien brûlants. Nous avons vu la neige blanchissant nos toits. Dans vos tableaux rendez vivants et parlants les personnages que vous peignez.

5e Voilà une personne accommodante, on la voit toujours empressée et accommodant les affaires les plus épineuses. Je ne veux point voir sous mes yeux ces gens allant et venant sans cesse, et sans cesse allants et venants. Ces personnes m'obsèdent. Descendant des Scipion, Cornélie avait toute la grandeur d'âme des héros de sa race. Les Suisses descendant du sommet des montagnes mirent en déroute l'armée de Charles-le-Téméraire. Voici une boisson adoucissante, en voici une autre adoucissant l'âcreté des humeurs. Il court ici des bruits alarmants, alarmant même les esprits les plus forts.

6e De quel œil dieu doit-il voir vos bras fumant du sang qu'il a créé? La terre était encore fumante à l'endroit où ces malheureux avaient été égorgés la veille. Reine, je ne veux point, par mes soins défiants, jeter sur vos desseins des yeux trop prévoyants. Voilà des enfants caressants; on les voit caressant leur mère. Vous avez chez vous une jeune personne charmante. Voilà une jeune personne charmant tous ceux qui la voient. Les flots du Gange sont quelquefois retentissants comme les feux roulants de la foudre. Nous avons des avocats consultants et des gens consultant peu leurs intérêts.

7e Cette personne est contrariante, contrariant même ses meilleurs amis. Je sais une nouvelle désespérante pour lui et désespérant toute sa famille. Voila une personne éblouissante de blancheur et une lumière éblouissant la vue. Que de faibles entraînés! Que d'âmes chancelantes retenues dans le devoir! Je me borne à l'examen de ces usages étonnants aujourd'hui pour nous. Des bruits affreux étonnant les plus intrépides circulent aujourd'hui dans nos contrées.

Tous ces objets sont vingt fois répétés dans des trumeaux tout brillants de clarté.

47me *Leçon.*

DU PARTICIPE PASSÉ JOINT AU VERBE ÊTRE.

162. Le participe passé joint au verbe *être*, forme, comme nous l'avons dit, le verbe *d'état*, il s'accorde en genre et en nombre avec son sujet. Ex. :

Ce père est aimé.	Cette mère est aimée.
Tes amis sont satisfaits.	Tes sœurs sont satisfaites.

Le sujet peut quelquefois se trouver après le participe ; mais cela ne change rien à l'accord. Ex. :

Au bas de la montagne était *située* ma **MAISON**. Mais quand il vit l'urne où étaient *renfermées* les **CENDRES** de son frère Hyppias, il versa un torrent de larmes.

48me *Leçon.*

DU PARTICIPE PASSÉ JOINT AU VERBE AVOIR. (1).

163. Le participe passé accompagné du verbe *avoir* ne s'accorde jamais avec son sujet.

Il reste invariable 1° lorsqu'il n'a pas de complément direct; 2° lorsque ce complément se trouve placé après lui. Ex. :

Nos cousines ont *lu*; elles auraient *Chanté*; elles nous ont *écrit*. Mes frères ont *chassé*; vous auriez *admiré*. Elles auront *compris*.

Les participes *lu*, *chanté*, *écrit*, *chassé*, *admiré*, *compris*, sont invariables, parce qu'ils n'ont pas de complément direct.

Mes cousines ont *lu* une fable; elles auraient *chanté* une ariette; elles nous ont *écrit* une lettre. Mes frères ont *chassé* un cerf; vous aviez *admiré* ces tableaux. Elles auront *compris* mes raisons.

---

(1) Pour que les élèves comprènent bien les participes, il faut qu'ils sachent très-bien distinguer le sujet et le complément d'un verbe, pour cela voici un moyen très-simple et qui les facilitera singulièrement. Le sujet vient toujours en réponse à la question *qui fait*, *qui fesait*, *qui fera* l'action de......? on joint à cette question le verbe dont on veut connaître le sujet. Le complément vient en réponse à la question *qui* ou *quoi* ?

L'innocence a toujours confondu l'IMPOSTURE.
Nous estimons les ENFANTS vertueux.

Dites : *qui a fait l'action de* CONFONDRE *l'imposture* ?. R. : *l'innocence;* faites souligner le sujet une fois (—). L'innocence a confondu quoi ?. Rép. : l'IMPOSTURE. Faites souligner le complément direct deux fois (═). Avec ces deux signes les élèves se rendront facilement compte du sujet et du complément direct. Exigez qu'ils soulignent le sujet et le complément direct dans tous les exercices.

Les mêmes participes *lu*, *chanté*, *écrit*, etc. sont encore invariables, parce qu'ils sont placés avant leurs compléments directs *fable*, *ariette*, *lettre*, *cerf*, *tableaux*, *raisons*.

164. Le participe, joint au verbe avoir, varie seulement lorsque son complément direct se trouve placé avant lui, il en prend le genre et le nombre. Ex.:

Les lettres que tu m'as *écrites*, tes cousines les ont *lues*, avant l'ariette qu'elles ont *chantée*. La biche que tes frères ont *chassée* a été tuée, elle était fort belle, nous l'avons *admirée*. Nos raisons, les avez-vous *comprises*?

Ici les mêmes participes ont varié : *écrites* est au féminin et au pluriel, parcequ'il s'accorde avec son complément direct *que*, qui représente *lettres* féminin pluriel; même raisonnement pour les participes *chantée*, *chassée*, *admirée*, *comprises*. Le participe *tuée* est joint au verbe être, il s'accorde par conséquent avec le sujet *biche*.

Modèles d'analyse du participe passé.

Ces	Art. démonst. plur. des deux genres déterminant *dames*.
dames	Subst comm. fém. plur. suj. de *sont venues*.
sont venues,	Verbe d'état, 3ᵉ personne plur. au prét ind., 2ᵉ mode 4ᵉ conj Le participe *venues* au fém. pl. parcequ'il s'accorde avec son sujet *dames*.
elles	Pron. pers. 3ᵉ pers. pl. fém. sujet de *ont dansé*.
ont dansé.	Verbe trans. employé intransitivement 3ᵉ pers. pl. du prét. ind. Le part. inv. parce qu'il n'a pas de compl. direct.
Elles	Pron. pers. 3ᵉ pers. fem. plur suj. de *ont chanté*.
ont chanté.	Verbe trans. 3ᵉ pers. pl. du prét. ind. Le participe inv. parce que son complément dir. est placé après lui.
la	Art. simp. fém. sing dét. *chanson*.
chanson	Subst comm. fém. sing. compl. dir. de *ont chanté*.
que	Pron. relatif fém. sing. compl. dir. de *as composée*.
tu	Pron. pers. 2ᵉ pers. sing. des 2 genres sujet de *as composée*.
as composée	Verbe trans. 2ᵉ pers. sing. au prét. ind. Le participe variable parce qu'il est précédé de son complément direct.
je	Pron. pers. 1ʳᵉ pers. sing. sujet de *ai chantée*.

l'	Pron. pers. 3e p. fém. sing. compl. dir. de *ai chantée.*
ai chantée	Verbe trans. 1re pers. sing. du prét. ind. Le participe variable, parce que son compl. direct le précède.
aussi.	Adverbe, mot invariable.

EXERCICES SUR LE PARTICIPE.

PREMIER EXERCICE. La pièce a commencé de bonne heure. Ces femmes ont parlé long-temps; elles ont été surprises dans leur conversation. Les brebis qui ont bêlé étaient arrivées du Berry. Les jeunes personnes qui ont dansé à notre soirée, ont charmé tous les spectateurs qui les ont admirées. Ces livres sont intéressants, de qui les avez-vous reçus? Les fleurs que je vous ai envoyées et qui maintenant sont fanées, étaient jolies. Ces orateurs ont parlé et les cœurs se sont attendris. C'est une pièce que j'ai lue et que j'ai vivement applaudie. Mes plumes étaient taillées, et je les ai perdues.

2e Cette femme a été accusée et convaincue de plusieurs crimes; elle fut condamnée. Les hommes qui ont le plus vécu, ne sont pas ceux qui ont compté le plus d'années; mais ceux qui ont le mieux usé de celles que le ciel leur a départies. Savez-vous les dangers que votre sœur a courus, et avec quel courage elle les a bravés? Vos cousines nous ont paru disposées à composer sur l'histoire; elles l'ont étudiée avec fruit. Les dames qui ont chanté hier, ne sont pas celles que tu as surprises dansant chez moi.

3e Cette pièce que j'ai faite, vous l'avez vue sans doute. Comment l'avez-vous trouvée ? Julie a récité la fable que tu lui as apprise, elle l'a très-bien récitée. Les personnes qui ont fondé cette société savante ont bien mérité de la patrie. Les marchandises que j'avais achetées pour vous, vous me les avez laissées; et celles que vous m'avez prises, vous les avez payées moins chères qu'elles ne m'ont coûté. Les étoffes que ce marchand a achetées sont jolies, elles ont semblé telles à toutes les personnes qui les ont vues. Nous avions égaré nos livres; mais nous les avons retrouvés.

4e. Les plumes que vous avez livrées, n'ont paru belles à personne. Les graines de fleurs que j'avais achetées et que j'avais semées dans mon jardin n'ont pas levé. La maison que ce maçon a bâtie, vient d'être vendue ; la personne qui l'a achetée est bien fâchée d'avoir contracté ce marché. Les services que ma fille a reçus de vous, madame, l'ont pénétrée de reconnaissance. La jeune personne que vous avez vue chez moi, et que vous avez appelée madame, n'est pas encore mariée. Cette vallée est très-embellie, nous en avons admiré les riches prairies.

5e Julie a récité la leçon qu'elle avait apprise, elle a reçu la fable que son frère lui a adressée. Nous aurions copié les couplets qu'on nous a offerts, si nous avions eu plus de temps. Vous auriez réussi dans les entreprises que vous avez faites, si vous aviez reçu les sommes qu'on vous avait promises. Rose a reçu les fleurs que je lui ai offertes (1), elle les a conservées. Ces malheureux ont langui long-temps dans les prisons où on les a renfermés. Là, règnent les bons rois qu'ont produits tous les âges. Quel droit vous a rendus maîtres de l'univers? Les fruits que tu as mangés verts t'ont causé les douleurs que tu as souffertes. Il me restait une chétive maison, je l'ai vue pillée et détruite.

6e La grêle a ravagé toutes les terres que nous avons ensemencées, nous les avons bien fumées, nous

---

(1) Le maître fera remarquer aux élèves que quelquefois le sujet du verbe se trouve placé après le participe ; mais cela ne change rien à la règle : le participe s'accorde toujours avec son complément direct, lorsque ce complément est placé avant lui. On écrira : Les fruits que m'ont *offerts* mes FRÈRES, les fleurs que m'ont *offertes* mes FRÈRES.

Il peut arriver aussi qu'un participe, précédé de son complément direct, soit suivi d'un adjectif; les élèves très-souvent confondent cet adjectif avec le complément direct et ils écrivent le participe invariable. Le maître leur dira que l'adjectif, placé après le participe, ne détruit point l'accord de ce dernier; car l'adjectif ne peut pas être complément d'un verbe. On écrira : ces hommes, on les *a crus* morts, parce qu'on les *a trouvés* IVRES.

y avons semé des graines rares. Tu nous as plaints, mon ami, mais combien de maux n'avons-nous pas soufferts! nous avons supporté la faim et la soif; nous avons manqué de vêtement pour nous couvrir dans les plus grands froids. Ces malheureux n'ont pas redouté la mort, ils n'ont pas été effrayés de la voir arriver; ils l'ont reçue avec résignation après avoir invoqué Dieu pour obtenir le pardon des fautes qu'ils avaient commises. Ainsi ont raisonné des hommes que des siècles de fanatisme avaient rendus puissants. Colbert eut à réparer les maux qu'avait causés le règne orageux de Louis XIII.

7e Nous avons acheté cette maison et nous y avons fait les réparations que nous a indiquées notre architecte. Nous y avons employé tous les matériaux d'une vieille maison que nous avions démolie. Voilà la maison que j'ai acquise de ton père je la lui ai payée comptant. Tu n'as pas répondu à la lettre que mon frère t'avait écrite; cependant tu l'as reçue, il t'avait adressé diverses questions que tu n'as sans doute pas comprises; pourquoi n'es-tu pas venu me trouver, je te les aurais expliquées? Les olives que nous avons récoltées sont toutes gâtées, nous les avions cependant cueillies et rentrées dans la bonne saison. Le mérite de son style tient aux progrès qu'a faits la société en France. Messieurs, vous êtes nés dans un climat qui vous a rendus robustes.

8e Où sont les fleurs que t'avaient offertes tes frères? les as-tu acceptées pour les laisser faner? Les soldats avaient été attachés à la famille de César qui était garante de tous les avantages que leur avait procurés la révolution. Quels dangers n'a pas courus la France pendant la tempête de vingt ans qu'elle a essuyée! La prévoyance et la dignité ont tracé la route qu'a suivie notre belle patrie. La froideur qu'avaient témoignée nos juges, déconcertait nos vues.

Les regards, il est vrai, n'étaient point enflammés,
Du courroux dont souvent je les ai vus armés.
La Grèce en ma faveur est trop inquiétée :
De soins plus importants je l'ai crue agitée.

9e Nous aurons bientôt terminé toutes les opérations que nous avons entreprises ; dès que nous les aurons faites, nous nous rendrons chez vous. Nous sommes étonnés des choses qu'on nous a dites, nous les avions crues impossibles nous n'en sommes pas encore bien revenus. Que de fleurs j'ai plantées dans mon jardin ! Que de peines m'a données ce travail ! Que de moments précieux j'ai perdus ! encore si je les avais rattrappés depuis !

10e Ma sœur a passé deux heures à jouer, elle les aurait beaucoup mieux employées à l'étude. Cette femme me disait : vous m'avez vue attachée à vous nuire, vous m'avez crue capable de vous ruiner et c'est pour cette raison que vous m'avez chassée. Cet homme nous a bien servis, aussi il nous a intéressés. En nous promenant hier dans les Tuileries, nous avons reconnu nos cousines, nous les avons appelées, nous leur avons parlé ; elles nous ont rendu les livres que nous leur avions prêtés.

11e Nous avons retardé l'horloge que tu as remontée. Ta sœur t'a apporté les dessins que tu lui as demandés. Avez-vous oublié les règles de la grammaire que vous aviez apprises ? Que de peines vous avez eues pour les apprendre ! Peut-être ont-ils dû ces idées aux mémoires qu'avaient laissés son père et sa mère sous le titre modeste de souvenirs. Je ne défends pas ces rimes parce que je les ai employées ; mais je m'en suis servi, parce que je les ai crues bonnes.

49me *Leçon.*

PARTICIPES SUIVIS D'UN INFINITIF.

La femme que j'ai *entendue* CHANTER.

165. RAISONNEMENT. Qu'est-ce que j'ai entendu ? 1re rép. la *femme* 2e rép. *chanter*. On voit que pour les participes suivis d'un infinitif la question *qu'est-ce que* amène deux réponses. Alors on fait de la première réponse, qui est toujours un substantif, le su-

jet d'une nouvelle question, et l'on dit : *Est-ce la femme qui fesait l'action de chanter ?* OUI, dans ce cas *accord.*

166. Nous avons vu que tous les verbes des quatre conjugaisons expriment des actions; or, *si l'action qu'exprime l'infinitif est faite par le substantif placé avant le verbe*, il y a *accord*, dans le cas contraire le participe reste invariable. Ex.:

La personne que j'ai *vue* ÉCRIRE.

L'action qu'exprime l'infinitif écrire est-elle faite par la personne ? OUI, *accord.* Dans ce cas, le *que* relatif est le complément direct du participe.

Les enfants que j'ai *vus* COURIR.

Étaient-ce les enfants qui fesaient l'action exprimée par l'infinitif *courir ?* OUI, *accord.*

Les plantes que j'ai *laissées* CROÎTRE.

Étaient-ce les plantes qui fesaient l'action exprimée par l'infinitif *croître ?* OUI, *accord.*

La romance que j'ai *vu* ÉCRIRE et que j'ai *entendu* CHANTER.

Était-ce la romance qui fesait l'action d'*écrire* et de *chanter ?* NON, point d'*accord.* Dans ce cas, le *que* qui précède le participe est le complément de l'infinitif, et non du participe.

Participes variables, parce que l'action qu'exprime l'infinitif est faite par le substantif placé avant le verbe.	*Participes invariables, parce que l'action qu'exprime l'infinitif n'est pas faite par le substantif placé avant le verbe.*
La femme que j'ai *vue* PEINDRE est habile.	La femme que j'ai *vu* PEINDRE par Isabey.
L'action de peindre est faite par la femme.	L'action de peindre n'est pas faite par la femme.
Les hommes que j'ai *entendus* se VANTER.	Les talents que j'ai *entendu* VANTER.
L'action de vanter est faite les hommes.	L'action de vanter n'est pas faite par les talents
Les moutons que j'ai *laissés* PAÎTRE.	Les moutons que j'ai *laissé* ENLEVER par les loups.
L'action de paître est faite par les moutons.	L'action d'enlever n'est pas faite par les moutons.

50me Leçon.

167. L'infinitif est quelque fois sous-entendu après les participes des verbes *devoir*, *pouvoir*, *falloir*, dans ce cas, le participe reste invariable. Ex. : je lui ai fait tous les reproches que j'ai *dû* (sous-entendu *faire*).

Nous lui avons rendu tous les services que nous avons *pu* (sous-entendu *lui rendre*).

Vous avez obtenu toutes les faveurs que vous avez *voulu*, (sous-entendu *obtenir*).

168. Le participe passé du verbe *faire* (fait) suivi d'un infinitif est toujours invariable, Ex. : Voilà les arbres que nous avons *fait* PLANTER. Cette personne était malade, les remèdes qu'on lui a donnés l'ont *fait* MOURIR.

Modèles d'analyse.

Les	Art. simp. pl. des deux genres dét. *acteurs.*
acteurs	Subst. comm. mas. plur.
que	Pron. rel. mas. pl. compl. direct de *ai vus.*
j'	Pron. pers. sing. des deux genres, suj. de *ai vus.*
ai vus	Verbe trans 1re pers. sing. du prét. ind. 2e mode 3e conj. Le part. variable, parceque l'action qu'exprime l'infinitif *jouer*, est faite par les *acteurs.*
jouer.	Verbe intransitif, au prés. de l'infinitif, 1er mode, 1re conjugaison.
La	Art. simp. fém. sing. dét. *terre.*
terre	Subst. comm. fém. sing.
que	Pron. rel. fém. sing. compl. direct de *labourer.*
j'	Pron. pers. sing. des 2 genres, sujet de *ai vu.*
ai vu	Verbe trans. 1re pers sing. du prét. ind. 2e mode, 3e conj. Le participe invariable parce que l'action de *labourer* n'est pas faite par la terre.
labourer.	Verbe trans. au prés. de l'infinitif, 1er mode 1re conj. comp. direct de *ai vu.*
Cet	Art. démonst. mas. sing. dét. *homme.*
homme	Subst. comm. mas sing. suj. de *a obtenu.*
a obtenu	Verbe trans. 3e pers. sing. du prét ind. 2e mode, 2e conj. Le participe invariable parceque son compl. direct est placé après lui.
les	Art. simp. pl. des 2 genres, dét *places.*
places	Subs. comm. fém. pl. compl direct de *a obtenu.*
qu'	Pron. rel. fém. pl. compl dir. de l'inf. *obtenir*, sous-entendu.

il Pron. pers. 3e pers. mas. sing. suj. de *a voulu*.
a voulu. Verbe trans. 3 pers sing. du prét ind. 2e mode, 3e conj. Le part. invar. parce que son compl. direct *obtenir*, sous-entendu, est placé après lui.

Exercices sur les participes suivis d'un infinitif,

Sur les participes pu, dû, voulu *et sur le participe* fait.

1er Ma jambe que j'ai senti mordre par ce chien, je l'ai sentie s'engourdir à l'instant. La femme que j'ai vue battre ses enfants n'est pas celle que j'ai vu battre par son mari. Les ruisseaux que nous avons vus couler et que nous avons vu détourner, fertilisaient ces prairies. Ma fille que j'ai envoyée chercher son frère, est celle que j'ai envoyé chercher cette semaine à sa pension. La montre que j'ai vu voler, est celle que tu as vue tomber.

2e Les personnes que nous avons vues périr s'étaient exposées imprudemment. Les meubles que vous avez laissé vendre ne sont pas ceux que vous avez laissés dépérir. Les paysages que j'ai vu calquer étaient charmants; je les ai vu achever par ta sœur que j'ai entendue chanter. Les arbres que j'ai laissés croître sont bien grandis; plusieurs me gênaient et je les ai fait abattre. Pour être sûr de la vérité, il faut l'avoir entendu annoncer d'une manière claire et positive. L'alliance que Judas avait envoyé demander fut accordée.

3e Il augmenta l'autorité des lois que trop d'empereurs avaient voulu anéantir. Mes amis, où sont les fleurs que nous vous avons vus cueillir et que vous avez laissé faner? Les demoiselles que j'ai vues compter. Les sommes que j'ai vu compter. Les auteurs que nous avons vantés ne nous ont pas semblé avoir mérité la réputation qu'ils ont acquise. L'actrice que tu as entendue s'applaudir, n'est pas celle que tu as entendu applaudir par le public. Vous n'avez pas fait, mes amis, les démarches que vous auriez dû.

4e Les marchandises que tu as laissé introduire

sont celles que tu as laissées dépérir. Les pièces que j'ai vu jouer ont été applaudies. Les acteurs que vous avez vus jouer étaient très-médiocres. Nous avons obtenu de ce prince toutes les faveurs que nous avons voulu. Les services que j'ai voulu vous rendre, vous les avez refusés. Que d'hommes Dieu a vus naître et mourir! Que de générations il a vues s'éteindre! Les outrages que vous avez faits à mon père étaient cruels; il les a dévorés en silence.

5e Cette femme vous aurait donné tous les secours que vous auriez voulu. Les portraits que nous avons vu dessiner étaient fort jolis. Les enfants que nous avons vus dessiner étaient déjà exercés. Les greffes que vous avez fait planter sont-elles reprises? Il a été libre de mettre à cet abandon la condition qu'il a voulu. La maison que vous avez fait bâtir est très-vaste. La feuille que j'ai entendu lire était assez intéressante.

6e Les personnes que j'ai entendues lire m'ont fait un grand plaisir. J'ai fait à vos cousines toutes les politesses que j'ai dû. Voilà les poissons que j'ai vu pêcher. Où sont les enfants que j'ai vus pêcher? Ce sont mes enfants qu'il vous a fait entendre: ces malheureux se sont laissés sans défense. Mes amis, je vous ai laissés tout du long quereller. Comment, Messieurs, vous vous êtes laissé surprendre à de pareils discours! L'action que j'ai entendu blâmer était louable en elle-même.

7e Ces hommes sont méchants, je les ai entendus blâmer leurs amis. Nos pères se seraient-ils laissé assommer comme des victimes? Nos amis, vous les avez laissés errer. Les blés que vous avez fait couper je les ai vu semer. O Julie, si le destin t'eût laissée vivre! Elles rougissaient de honte de s'être laissé vaincre par le sommeil. Nous avons fait auprès du ministre toutes les démarches que nous avons pu.

51me Leçon.

PARTICIPES DES VERBES DITS RÉFLÉCHIS.

169. Le participe des verbes dits réfléchis est toujours précédé du verbe *être* ; mais ce verbe est employé pour *avoir*.

La foule S'EST AMASSÉE autour de nous.

Ils se SONT APERÇUS de loin.

C'est comme s'il y avait : La foule A AMASSÉ elle-même autour de nous. Ils ONT APERÇU eux-mêmes de loin. (Voyez les numéros 112 et 113.)

170. Le participe des verbes réfléchis ne s'accorde point avec son sujet ; mais avec son complément direct, quand il en est précédé. Ce participe est invariable quand il n'a pas de complément direct, ou quand celui-ci est placé après lui. Ex. :

Ernestine s'est COUPÉE. *Coupée* est au féminin et au singulier parce qne son complément direct SE est placé avant le participe. *Elle a coupé* ELLE.

Ernestine s'est COUPÉ *le doigt*. *Coupé* est invariable, parce que le complément direct DOIGT est placé après le participe. *Elle a coupé* LE DOIGT *à elle*. Le pronom SE est complément indirect.

Nous nous sommes ABANDONNÉS *à la colère*. Nous avons abandonné *nous*, complément direct.

Nous nous sommes ABANDONNÉ *nos biens*. Nous avons abandonné *nos biens*, complément direct placé après le participe. Nous les avons abandonnés *à nous*. Nous pour *à nous*, complément indirect.

171. *Remarque*. Les verbes intransitifs (neutres) suivants, ont toujours le participe invariable : *Se plaire, se déplaire, se rire, se sourire, se parler, se succéder, se nuire, se suffire, se convenir, se ressembler*. La vigne s'est *plu* dans cet endroit. Les soldats se sont *ri* de la populace ; ils se sont *suffi* à eux-mêmes. Vous vous êtes *nui* différentes fois. Elles se sont *succédé*, elles se sont *convenu*.

Exercices sur les participes dits réfléchis.

PREMIER EXERCICE. Ces hommes se sont accordé une juste préférence. Nous nous sommes accordés pour vous présenter ce jeune homme. Vous vous êtes appliqués à l'étude de la géographie et de l'histoire que vous aviez jusqu'alors négligées. Vous vous êtes appliqué de vigoureux soufflets. Ces maîtres se sont attaché leurs élèves. Ces élèves se sont attachés à leurs maîtres. Mes cousines se sont repenties de leur trop grande bonté; elles se sont bien acquittées des obligations qu'elles ont contractées envers vous.

2e Vos parents se sont plu à nous contrarier en tout, et en cela ils se sont nui. Ces magistrats se sont relâchés de leur sévérité accoutumée, ils se sont plu à nous faire grâce. Les cavaliers qui ont succombé sous vos coups se sont eux-mêmes attiré leur malheur. Ces oiseaux, par leur chant, se sont mutuellement attirés. Tes amis s'étaient avoués comme auteurs du délit; ils se sont avoué leurs torts réciproques. Ces dames se sont laissées en chemin, après s'être laissé des gages d'amitié. Les Romains s'étaient faits à la discipline.

3e Ces hommes se sont fait une gloire cruelle. Ces dames se sont souri dès qu'elles nous ont entendus parler. Ces dames s'étaient refusé toute consolation, elles se sont refusées mutuellement de se secourir. Ces hommes se sont convenu sous tous les rapports; cependant ils se sont nui. Ah! comment s'est éclipsée tant de gloire? Comment se sont anéantis tant de travaux? Vos sœurs se sont trouvées aux Carmélites et la réconciliation s'est faite. Vos amis qui s'étaient proposés pour maîtres de langues se sont proposé différentes questions. Ces dames se sont tu des choses secrètes; elles se sont tues à votre approche.

4e Mes amis se sont vus, ils se sont parlé. Vos amis se sont soupçonné des torts; ils se sont soupçonnés de trahison. Vos cousines se sont parlé; elles se sont suffi à elles-mêmes. Ces jeunes demoiselles se sont déplu dès l'instant qu'elles se sont vues. Jamais les rois ne se sont succédé avec tant de rapidité; jamais ils ne se sont ressemblé. Ces messieurs s'étaient toujours ri de nos projets. Après s'être tirés à l'écart, ces hommes se sont tiré deux coups de pistolets. Les grands génies se sont survécu à eux-mêmes. Tes sœurs se sont moquées de nous.

52me *Leçon.*

***Du participe joint au verbe avoir précédé du pronom* LE, *et du participe placé entre deux* QUE.**

172. Le participe précédé du pronom LE, employé pour *ceci*, *cela*, est toujours invariable. Ex. :

Cette ville n'est pas aussi belle que je L'*avais* CRU. Qu'est-ce que j'avais cru? Rép. CELA que cette ville était plus belle qu'elle ne l'est. Je n'ai par cru la ville, j'ai cru CELA.

Ces personnes sont pas instruites que vous L'*auriez* PENSÉ. Vous n'avez pas pensé *les personnes*, vous avez pensé CECI; qu'elles étaient plus instruites qu'elles ne LE sont.

Dans ces exemples, le mot LE représente une partie de phrase, et comme une partie de phrase n'a ni genre ni nombre, le participe reste invariable.

173. Le participe passé placé entre deux QUE est invariable, parce qne le premier *que* n'est pas complément du participe; mais du verbe qui suit. (1) Ex.:

La leçon QUE vous avez cru QUE j'étudierais.

Les chagrins QUE nous avions pressenti QUE vous auriez.

Qu'est-ce que vous avez cru? Rép. *que j'étudierais*, donc le complément est après le participe; donc, c'est le cas ordinaire (n° 162), et par conséquent point

(1) Excepté les participes des verbes *convaincre* et *persuader*. Ex. : Les personnes que j'avais *convaincues* qu'elles étaient heureuses. Vos amis que j'ai *persuadés* que vous étiez mort le croient encore

d'accord. Vous n'avez pas cru la *leçon*. Vous avez cru que *j'étudierais* la LEÇON.

EXERCICE.

Les malheurs que j'avais prévu que vous auriez vous sont arrivés. Ces plantes ne sont pas aussi salutaires que vous nous l'aviez assuré. Nous avons désapprouvé les raisons que vous avez pensé que nous approuverions. La vertu de Caton était moins pure qu'on ne l'a cru. Vous avez surmonté toutes les difficultés que vous aviez prévu que vous auriez à vaincre. Les secours que vous avez pensé que nous pourrions obtenir, nous sont échappés. La nouvelle s'est trouvée vraie, comme vous l'aviez jugé. La bataille n'a pas été telle que nous l'avions pensé. Ma mère est malade! Elle vous l'a paru; mais elle ne l'est pas.

53me *Leçon.*

Participes précédés du mot EN *et du mot* PEU.

174. Le participe passé précédé du mot EN est invariable, parce que le mot *en* est vague et indéterminé, il signifie CELA. Ex. :

J'ai lu plus de livres que vous n'EN avez MANIÉ.

(C'est-à-dire que vous n'avez manié DE CELA).

Bonaparte a remporté plus de victoires que d'autres n'EN ont LU.

(C'est-à-dire que d'autres n'ont lu DE CELA).

Des pleurs hélas! j'en ai beaucoup RÉPANDU (DE CELA).

175. *Remarque*. Il ne faut pas confondre le pronom EN signifiant DE CELA avec le pronom personnel EN signifiant DE LUI, D'ELLE, D'EUX, D'ELLES. On écrira: *Cette personne m'a insulté, voici la vengeance que j'*EN *ai tirée*. Ici *en* est mis pour d'ELLE, de cette personne.

176. L'expression LE PEU DE a deux significations: quand elle signifie le *manque*, le *défaut* de l'objet désigné, le participe est invariable; quand elle signi-

fie *une petite quantité qui a suffi*, le participe s'accorde avec le substantif qui suit le mot PEU. Ex. :

Le PEU de bonne conduite que ce jeune homme a MONTRÉ lui a fait retirer votre confiance. Ici le mot PEU signifie *le manque*, *le défaut de conduite*. Il a manqué de conduite, il n'en a pas montré. Ce n'est pas la conduite qui lui a fait retirer votre confiance, c'est le *peu*, le *manque*, le *défaut* de conduite.

Le *peu* de bonne CONDUITE que ce jeune a montrée lui a mérité votre confiance. Ici le mot *peu* ne signifie pas le *manque* de conduite, puisqu'il en a montré suffisamment pour mériter la confiance, dans ce cas, le participe s'accorde avec le substantif conduite placé après le mot *peu*.

176. Quand le mot PEU est suivi d'un substantif pluriel il s'accorde avec ce substantif. Ex. :

Le peu de *mots* qu'il a *prononcés*.
Le peu de *personnes* qu'il a *vues*.

EXERCICES.

PREMIER EXERCICE. Le peu de monnaie que vous m'avez donné n'a pas suffi pour payer ma dépense. Le peu de monnaie que vous m'avez donnée a suffi pour payer ma dépense. Il n'est que trop vrai qu'il y a eu des antropophages, nous en avons trouvé en Amérique. Cette femme nous a renvoyés; elle s'en est vantée publiquement. Le peu de fermeté que nous avons montré nous a trahis. Le peu de fermeté que nous avons montrée nous a sauvés. J'ai vu des savants aimables; mais j'en ai trouvé d'un peu lourds. Je ne trouvai point le château au-dessous de la description que vous m'en aviez faite.

2e Vous avez servi plus de viande que nous n'en avons mangé. Il écrivit lui-même des choses plus ingénieuses pour le conseil, que l'archiduc n'en avait prononcé contre les Espagnols. Ces dames vous savent bon gré du peu de défiance que vous avez montré contre les artifices du sexe. Ne pas écrire correctement c'est dévoiler le peu d'éducation qu'on a reçu.

Votre mère était sérieusement malade, le peu de soins que vous lui avez donnés l'ont rappelée à la vie. Tout le monde m'a offert des services, et personne ne m'en a rendu. On y ajouta les frais de la peur qu'on en avait conçue. Le peu d'instruction que cet homme a reçu le fait tomber dans mille erreurs.

RÉCAPITULATION, *sur les verbes et sur les participes.*

EXERCICES.

PREMIER EXERCICE. Cette femme fut surprise égorgeant son enfant; atteinte et convaincue de ce crime, elle fut condamnée et exécutée. Les ennemis profitant des ténèbres de la nuit sont pénétrés dans la ville, ils ont pillé et incendié nos maisons. Avez-vous vu ma sœur? les nouvelles qu'elle a reçues l'ont profondément affligée. La maison que j'ai vu bâtir est menacée d'une prompte ruine. Quelle belle armée nous avons vue marcher à l'ennemi! Que de revers elle a essuyés! Les moutons que vous avez laissés paître et ceux que vous avez laissé enlever m'appartiènent.

2e Voilà des circonstances aggravant le délit. La mer était violemment agitée, les flots étaient soulevés. Les personnes qui ont joui des grands biens de ce monde ne sont pas celles qui ont le plus joui. Nous avons reçu vos lettres décachetées, nous ne les avons point ouvertes. Ses talents modestes lui ont valu de grands éloges. Les grands éloges que lui ont valus ses talents modestes. Les pleurs que tu as laissés échapper ne nous ont point attendris. Les arbres que tu as fait abattre, n'existent plus.

3e Les soldats à ses pieds étendus et mourants, le mettaient à l'abri de leurs corps expirants. Ni soupirs ni terreur n'ont ému ses yeux. Les lettres qu'a reçues Ernest étaient franches. Quand il fut premier ministre, il trouva la France triomphante par la valeur du grand Condé. Voici les tableaux qui nous ont paru charmants et des vers qui nous ont semblé admirables. Les arbustes que vous avez plantés ont péri faute de soins. Ma fille était indisposée, je l'ai envoyée se coucher.

4e Ces ouvrages sont bons, aussi je vous les ai donnés à lire. Vous avez rendu à votre ami tous les services que vous avez pu. Ce sont des terrains mobiles et peu consistants. Nous avons vendu des propriétés consistant en prés, vignes et bois. Mes frères se sont proposé de vous rendre visite aujourd'hui; ils se sont proposés pour vous accompagner. Ces jeunes gens se sont moqués de vous; ils se sont conduits de la manière la plus imprudente.

Ainsi notre amitié triomphant à son tour,
Vaincra la jalousie en cédant à l'amour.

5e Les cartons que j'ai ordonné qu'on m'apportât ici pour les examiner sont disparus. Vos cousines sont plus intéressantes que je ne me l'étais imaginé. Ces deux hommes se sont maltraités réciproquement, les injures qu'ils se sont adressées étaient bien grossières. Les troupes qu'on a contraintes de partir et qu'on a forcées de se battre se sont retirées dans la citadelle. Les trois cents francs que cet ouvrage nous a coûté ont été mal employés. Les années que nous avons vécu dans la misère nous ont bien ennuyés.

6e L'idée de la nature déclinante efface tout notre plaisir. On voyait l'aiguille déclinant vers le sud. Une dame écrivait : dans le sein paternel je me vis rappelée, un malheur inoui m'en avait exilée. Cet homme crut avoir vu des miracles et même en avoir fait. Les banquiers que j'ai vus compter de l'argent sont demeurés surpris des sommes qu'onleur avait volées. La somme que j'ai vu compter était bien insuffisante. Nous avons entendu les bombes éclatant avec un horrible fracas.

7e Voyez la jeune Isaure éclatante d'attraits. Mes fils ne sont pas chez moi, je les ai envoyés cueillir des fruits et depuis je les ai envoyé chercher par ma servante qui ne les a pas trouvés. Les présents que j'ai vu refuser étaient peu dignes d'être offerts. Les per -

sonnes que j'ai entendues lire étaient douées du plus bel organe. Nos jardins sont plus beaux que vous ne l'aviez pensé; je les ai fait cultiver par un habile jardinier. Le peu d'ardeur que vous avez montré vous a nui.

8e Vous devez votre salut au peu d'ardeur que vous avez montrée. Où sont, mesdemoiselles, les pages que je vous ai vues écrire, et les fables que je vous ai entendues réciter? Nous avons mangé plus de pêches que vous n'en avez récolté. Si ces fleurs m'avaient appartenu, j'en aurais beaucoup cueilli. Vous connaissez mon pays, voici les nouvelles qu'on m'en a apportées. Les moutons que j'ai trouvé manquer dans ma bergerie, se sont laissé emporter par les loups. On attribuera notre retard aux pluies qu'il a fait, aux froids qu'il y a eu et aux orages qui se sont succédé.

9e Ces maisons de commerce que j'ai vues se former ont acquis un degré d'accroissement dont je ne les aurais pas crues susceptibles. Si l'on peut vivre mille ans en un quart d'heure, à quoi bon compter tristement les jours qu'on aura vécu. Ces contrées sont plus peuplées que vous ne l'aviez cru. Vos sœurs se sont trouvées les premières arrivées au bal; elles se sont montrées fort aimables; nous les avons jugées fort spirituelles, on les a offertes comme modèles de modestie; on leur a offert de fort jolis présents qu'elles ont refusés.

10e Les soldats qu'on a laissés sortir de la ville se sont laissé surprendre par les ennemis. La lionne qu'on a laissée échapper et qui a passé par ici, a laissé de sanglantes marques de son passage; on l'a poursuivie, mais inutilement; elle a échappé à toutes les poursuites qu'on a dirigées contre elle, enfin elle est échappée. Ces personnes discordant entre elles sur des points essentiels, ont résolu de plaider pour des propos discordants. Nous avons admiré votre fermeté, combien vous en avez déployé dans cette circonstance difficile.

11e. Abimelech fit à Sara d'aussi beaux présents qu'elle en avait reçu du Roi d'Égypte. Les difficultés que nous nous étions proposé de résoudre, nous ont effrayés. Les pluies qu'il y a eu nous ont empêchés de faire autant de parties de chasse que nous en aurions fait. Quelles sont, mes enfants, les occupations que vous avez eues ? Quelles sont les leçons que vous avez apprises ? Où sont les habits que j'ai envoyés à réparer ? Les actions d'éclat qu'ont faites nos soldats leur ont mérité la reconnaissance de la patrie.

12e Les jours que j'ai passés à la campagne m'ont paru des minutes. Les historiens se sont plu à débiter bien des mensonges. Les personnes que j'ai vues périr, s'étaient exposées imprudemment. Ici sont des infortunés palpitants, immobiles au milieu de flammes. Ici sont des infortunés palpitant encore sous des ruines. Les lapins que nous avons lâchés dans les garennes, s'y sont tellement plu qu'ils y ont multiplié prodigieusement. Les nouvelles qu'on m'avait garanties vraies sont démenties aujourd'hui par tous les journaux.

13e Les arbres que j'ai négligé de faire tailler dans la saison, ont tellement dépéri que je les ai crus morts. Si nos ennemis communs se fussent prêté un mutuel secours, nous ne nous serions jamais prêtés aux propositions que nous ont faites les puissances voisines. Cet enduit forme une pâte molle, mais solide et résistante au feu. La ville de Véies, résistant à toutes les forces romaines, fut surprise plutôt que vaincue. Une femme s'est présentée à la porte, je l'ai fait entrer.

14e La force des circonstances les a fait admettre dans notre entreprise. Les inspecteurs sont venus, je les ai laissés feuilleter mes livres. Toutes les nuits que votre mère a pleuré et soupiré, lui ont paru des siècles. Voilà les raisons qu'on avait prévu qu'il allèguerait. La lettre que j'avais présumé que vous recevriez est enfin arrivée, l'avez-vous reçue ? Aimez toujours vos parents ; souvenez-vous des peines qu'ils ont eues à vous élever. Le peu d'aptitude que nous lui avons trouvé pour les sciences abstraites et le peu de confiance qu'il nous a témoigné nous ont décidés à interrompre nos leçons.

15e Le peu d'amis que j'ai rencontrés m'ont rendu tous les services qu'ils ont pu. Les champs qui nous ont vus naître et que nous avons vu cultiver sont devenus l'affreux théâtre de la guerre. Cette faveur est plus grande que je ne l'avais espéré. Cet endroit n'est peuplé que de bons paysans et de quelques bourgeois vivant de leur fortune. Dans les plis du cerveau la mémoire habitante y peint de la nature une image vivante.

16e Les plantes qu'a rafraîchies la rosée du matin brillent encore des pleurs que l'aurore a laissés échapper. La gelée qu'il y a eu au printemps a détruit plus de bourgeons qu'elle n'en a laissé. Je le remercie des honneurs que sa protection m'a valus. J'avais deux filles, je les ai faites religieuses. Puisque notre fils est arrivé de l'armée, dites-nous les nouvelles qu'il en a apportées ? Voilà des jardins qu'on nous a laissés à soigner et des marais qu'on nous a donnés à défricher.

17e Toutes les affaires que j'ai eues à traiter à Paris et que mon mari m'avait laissées à arranger, étant terminées, je m'en suis allée. Rien n'égale l'aspect des sites charmants qui bordent les rivages verdoyants de la fontaine de Vaucluse. Ses bords riants sont couverts de plantes odorantes naissant au milieu des ronces, rampantes, et embellis d'arbrisseaux croissant au milieu d'une verdure éclatante de fraîcheur.

18e Les règles que nous a données Burnouf pour étudier la langue grèque sont bien raisonnées. La méthode que nous a prescrite ce savant grammairien est claire et à la portée de l'enfance. Les élèves qu'on a vus abuser des bontés de leur maître se sont repentis plus tard de cette conduite inconséquente. Ma fille, je vous interdis la compagnie des jeunes personnes que je vous ai entendue louer et que je vous ai vue trop souvent fréquenter.

19e Les criminels que j'ai vu mener au supplice m'ont paru peu touchés de leur situation; je ne les ai pas vus pleurer. L'histoire de la Chine que vous nous avez conseillé de lire nous a beaucoup amusés. Mon fils, voilà une histoire que j'ai pensé que tu avais lue. Ma fille me disait : les nouvelles que j'ai su que vous aviez annoncées à mon oncle, m'ont surprise. Les livres que vous avez laissé lire à mes filles les ont corrompues. Nous avons donné à ces élèves plus de couronnes qu'ils n'en avaient mérité.

20e Voilà des demoiselles qui ne sont pas aussi instruites que nous l'avions cru; elles sont plus coquettes que nous l'avions imaginé. Votre mère s'est laissé tromper; elle a vendu sa maison, et la somme qu'elle en a tirée n'égale pas les dépenses qu'elle a faites pour l'embellir. Nous avons été rendre visite à cet homme; les mauvais compliments que nous en avons reçus ont excité notre indignation; mais la vengeance que nous en avons tirée lui a fait vomir encore plus de sottises qu'il ne nous en avait déjà donné.

21e Je serais riche si j'avais les sommes que ce domaine vous a coûté. Julie serait bien plus instruite, si elle avait pu travailler les heures qu'elle a dormi. Les reproches que ma conduite m'a valus me déchirent le cœur. Tu prétends que les précautions que j'ai cru prendre sont vaines; j'ai pourtant employé tous les moyens que j'ai pu pour les faire réussir. Mes sœurs étaient parties, je les ai rejointes; c'est en vain qu'elles couraient, je les ai bientôt atteintes, et elles se sont en un instant vu surpasser.

22e Les perdrix qu'Ernest nous avait promis d'envoyer ne sont pas encore venues, je les ai désirées assez long-temps, et j'ai résolu de ne plus attendre et de ne plus me fier aux promesses que vous m'aviez si bien recommandé de ne pas croire. Mais ose-t-il former le dessein de commander à ces hommes que j'ai faits mes égaux. Les Athéniens se sont trouvés assservis sans s'en être aperçus. Le peu de délicatesse que vous avez montré dans ces circonstances vous déshonore.

23ᵉ Combien de fois ne vous ai-je pas blâmées, Mesdemoiselles, du peu d'attention que vous avez apporté à vos devoirs. Nous ne nous sommes pas laissé intimider par la crainte des châtiments dont on nous a menacés. Que de soins m'a coûtés l'affaire que j'ai entreprise et que j'ai si mal terminée. Les fidèles qu'on a contraints de renoncer à la religion chrétienne, se sont ensuite laissés mourir de désespoir, à cause de la promesse qu'ils avaient faite d'abjurer une religion qu'ils avaient juré de signer de leur sang.

24ᵉ Les trois mois qu'a duré ma correspondance avec ma sœur se sont bientôt écoulés. Ma ferme ne vaut plus les cinquante mille francs qu'elle a valu. Cette pièce est une des meilleures comédies que j'ai lues. C'est l'aîné de mes fils qu'on a applaudi à la distribution des prix, à cause des nombreux succès qu'il a obtenus. Messieurs, les traductions que je vous ai vus faire sont excellentes.

25ᵉ L'hospice des Quinze-Vingts est une des plus belles fondations qu'ait enfantées le règne de Saint-Louis. Nous nous sommes proposé de présenter les changements que le temps et la volonté des hommes ont amenés. Pourquoi la perte douloureuse que vous avez eue à déplorer nous a-t-elle privés de la satisfaction que nous aurions eue de vous posséder pendant quelque temps? Je lui parlerai des moments agréables que nous avons passés ensemble; des peines que son entreprise m'a coûtées et des risques que j'ai courus pour lui.

26ᵉ Nous avons laissé à nos fermiers le peu de légumes que nous avons récoltés cette année. Les frais de transport qu'ils nous eussent coûté, auraient plus qu'excédé la valeur que nous en eussions retirée, si nous les eussions fait vendre, ainsi que vous nous y avez engagés. Le peu de fortune que j'ai acquise, je ne l'ai amassée qu'au prix des dangers que j'ai courus et des privations sans nombre que je me suis imposées.

27° Les personnes que vous avez convaincues que nous étions partis le croient bien. Cette maison n'est pas aussi vieille que je l'avais cru d'abord. Je me souviens moins des sommes que m'ont coûté vos folies que des inquiétudes et des chagrins que j'en ai ressentis. Cette femme a été trompée par les deux seules amies qu'elle s'était choisies, et elle ne s'est pas encore consolée des affronts qu'elle en a reçus.

28° Les grandes chaleurs qu'il y a eu au mois de mai ont grillé plus de boutons qu'elles n'en ont laissé. A en juger par les témoignages de douleurs qu'elle a fait éclater, nous nous étions persuadé qu'elle se serait laissée succomber à son chagrin. Les livres que je vous ai assuré avoir lus ne sont pas ceux que vous m'avez défendu de lire. Nous nous sommes laissé intimider par les menaces que nous ont faites les voleurs qui nous ont arrêtés.

29° Nous les avons laissés nous débiter tous les mensonges qu'ils ont voulu; mais nous nous sommes imposé la loi de ne pas croire aux récits qu'ils nous ont faits. Les idées que vous avez essayé de reproduire sont bien celles que j'ai vues exprimées dans les vers que vous avez voulu imiter. Julie s'était retirée dans votre appartement; mais vous l'en avez renvoyée; vous lui avez montré plus d'indifférence qu'elle ne vous en a témoigné.

30° Toutes les années que l'empereur a régné sur la France ont été signalées par des bienfaits qu'il n'a cessé de répandre sur ceux de ses sujets qui s'en sont montrés dignes. Nous nous sommes imaginé que vous possédiez tous les talents que vous nous aviez annoncé. Ces hommes s'étaient déclarés les maîtres absolus de tous les peuples qu'ils avaient amenés à eux par la persuasion. Nos amis se sont laissé soupçonner d'un crime qu'ils ne se sont jamais proposé de commettre.

31° Le peu de bienveillance que vous ont témoigné vos enfants vous a rendu mélancolique. Le peu de bienveillance que j'ai éprouvée pendant les trois mois que j'ai vécu dans ce pays m'engage à y rester. Les paysages qu'ils ont commencé à dessiner ne sont pas ceux que je leur avais conseillé de choisir. Ce château ne vaut plus aujourd'hui les deux cent mille francs qu'il a coûté; il les aurait toujours valu si vous n'aviez pas vendu la métairie qui en est dépendante. Je tiens cette nouvelle d'un de vos amis que j'ai rencontré ce matin. La chimie est une des sciences que le besoin du commerce a le plus répandues.

32e Ces élèves se sont aidés dans les difficultés qu'ils ont eues à surmonter et dans les questions qu'on leur a données à résoudre. Le peu d'assiduité que vous avez apporté à vos devoirs me force à vous faire des reproches. Je suis satisfait du peu d'attention que vous avez apportée à faire vos devoirs. Je ne vous ai vus ni vous ni votre sœur, pendant les deux mois que j'ai séjourné dans cette ville. Julie, dans notre dernière promenade au bois de Vincennes, me disait: je me suis vue cruellement désabusée des illusions que je m'étais faites, et je me suis repentie de la bienveillance que m'ont témoignée des gens qui s'en sont montrés si peu dignes. Voilà, ma chère fille, où vous ont conduite les mauvaises sociétés que je vous ai vue fréquenter.

54me *Leçon.*

REMARQUES SUR CHAQUE PARTIE DU DISCOURS.

177. Certains substantifs ne s'emploient pas au pluriel, comme : l'*or*, l'*argent*, la *prudence*, la *justice*, le *zèle*, la *santé*, la *faim*, la *soif*, la *charité*, la *vie*, l'*enfance*, l'*innocence*, la *jeunesse*, la *vieillesse*.

178. Les substantifs tirés des langues étrangères ne prènent pas la marque du pluriel; on écrit : des *pater*, des *ave*, des *duo*, des *trio*, des *quiproquo*, des *tedeum*, des *exeat*, etc. Cependant on écrit bien avec un *s* des *bravos*, des *numéros*, des *débets*, des *opéras*, etc., parce que ces mots sont fréquemment employés.

179. Certains substantifs n'ont pas de singulier, comme *pleurs*, *ancêtres*, *ténèbres*, *funérailles*, *broussailles*, etc.

180. Il y a des substantifs qui s'emploient pour les deux genres.

Aide, est du féminin quand il signifie *assistance*; il est du masculin dans *aide-de-camp*, *aide-de-cuisine*.

Aigle, oiseau, est du masculin. En terme d'armoiries, il est du féminin : *les aigles romaines*.

Amour, orgue et délice sont du masculin au sing. et du fém. au plur.

Couple, signifiant le nombre deux, est du fém. : il a mangé une couple de pigeons pour son déjeûner; mais quand le mot *couple* signifie le mâle et la femelle, il est masc. : il a peuplé sa volière avec un couple de pigeons.

Enfant est du masc. quand il désigne un petit garçon; il est du fém. quand il désigne une petite fille.

Exemple est du fém. quand il désigne un modèle d'écriture; il est du masc. partout ailleurs.

Gens veut l'adjectif qui suit au masc., et l'adjectif qui le précède au fém. : *des gens instruits, de bonnes gens*. Le déterminatif *tout* fait exception; il se met au masc. lorsqu'il précède le mot gens avec un adjectif de tout genre : *tous les braves, tous les honnêtes gens*; mais on dirait : *toutes les méchantes gens*.

55me *Leçon.*

SUBSTANTIFS COMPOSÉS.

181. Lorsqu'un substantif composé est formé de plusieurs *substantifs* unis par un trait d'union, ils prènent tous les deux la marque du pluriel. Ex. : *un chef-lieu, des chefs-lieux; un chien-loup, des chiens-loups.*

182. Lorsqu'un substantif composé est formé de deux substantifs unis par une préposition, le premier

des deux substantifs prend seul la marque du pluriel. Ex. : *des becs-de-canne, des chefs-d'œuvre.*

183. Lorsqu'un substantif composé est formé d'un substantif et d'un adjectif, ils prènent tous les deux la marque du pluriel. Ex. : *des petits-pâtés, des bouts-rimés.*

184. Lorsqu'un substantif composé est formé d'un substantif et d'un verbe, ou d'une préposition, ou d'un adverbe, le substantif seul prend la marque du pluriel. Ex. : *des avant-coureurs, des arrière-saisons, des porte-enseignes, des porte-clés*, etc.

185. Exceptions. On écrit : un *essuie-mains*, des *essuie-mains*, un *cure-dents*, des *cure-dents*, un *entre-côtes*, des *entre-côtes*, un *entre-sols*, des *entre-sols*. Un essuie-*mains*, c'est-à-dire qui *essuie les mains*; un cure-*dents*, c'est-à-dire qui sert à *curer les dents*. On écrit aussi : un ou des *serre-tête*, un ou des *réveille-matin*, c'est-à-dire qui *serre la tête*, qui *réveille le matin*; des *coq-à-l'âne*, des *pied-à-terre*, des *tête-à-tête*, des *blanc-seings*, des *chevau-légers*, des *grand'-mères*, des *grand'-messes*, des *hôtels-dieu*, des *prie-dieu*. Un *bec-figues* est un oiseau qui béquète *les figues*; des *rouge-gorge* sont des oiseaux qui ont *la gorge rouge*.

55me *Leçon.*

DE LA DÉRIVATION DES MOTS.

186. Le meilleur moyen de bien écrire les substantifs et les adjectifs, c'est de consulter la dérivation. On écrit PARFUM avec un *m*, parce que ce mot dérive de *parfumer*; BORD avec un *d*, parce qu'il vient de *border*; on écrit PLOMB avec un *b*, parce qu'on dit *plomber, plomberie*. On écrit ENFANT avec un *t*, à cause de *enfanter, enfantin*. On écrit GRAND avec un *d*, à cause de *grandeur, grandiose*. On écrit TAPIS avec un *s*, à cause de *tapissier*.

On écrit :

Abricot,	A CAUSE DE	abricotier.
Arlequin,	———	arlequinade.
Bavard,	———	bavarder.
Blond,	———	blonde.
Bois,	———	boiserie.
Camp,	———	camper.
Clou,	———	clouer.
Chaud,	———	chaude.
Ceint,	———	ceinture.
Cinq,	———	cinquième.
Saint,	———	sainte.
Sain,	———	saine.
Cent,	———	centième.
Sens,	———	sensé.
Sang,	———	sanguin.
Compte,	———	compter.
Comte,	———	comté.
Conte,	———	conter.
Concert,	———	concerter.
Dard,	———	darder.
Début,	———	débuter.
Dédain,	———	dédaigneux.
Échafaud,	———	échafauder.
Épais,	———	épaisse.
Exquis,	———	exquise.
Faim,	———	famine.
Fin,	———	finir.
Fruit,	———	fruitier.
Fusil,	———	fusiller.
Galop,	———	galoper.
Goût,	———	goûter.
Importun,	———	importuner.
Inquiet,	———	inquiéter.
Long,	———	longue.
Main,	———	manier.
Nom,	———	nommer.
Pain,	———	panade,

Prudent,	A CAUSE DE	prudente.
Perclus,	————	percluse.
Récit,	————	réciter.
Repos.	————	reposer.
Salue,	————	saluer.
Salut,	————	salutation.
Serein,	————	sérénité.
Sourcil,	————	sourciller.
Tard,	————	tarder.
Toit,	————	toiture.
Vert,	————	verte.
Vin,	————	vineux.
Vingt,	————	vingtième.

56me *Leçon.*

187. Tous les substantifs terminés en *teur*, masculins ou féminins, s'écrivent sans *e* final. Écrivez une *odeur*, une *rougeur*, une *pudeur*, une *fleur*, etc.

Exceptions. *Heure* et *demeure* prènent un *e* muet, *beurre*, *leurre* (appât trompeur) et *feurre* (paille pour les chaises) s'écrivent avec deux *r* et prènent un *e* muet.

188. Les substantifs féminins terminés en *té*, comme *célérité*, *liberté*, *vérité*, la *cité*, etc., n'ont qu'un *e*. Mais ceux qui expriment un contenu, comme une *hottée*, une *brouettée*, ou qui sont formés sur le participe d'un verbe en *er*, comme une *dictée*, une *portée*, ou bien encore qui sont dérivés d'un substantif, comme une *plumée*, une *soirée*, une *année*, une *portée*, qui viènent de *plume*, *soir*, *an*, *porte* prènent deux *e*, dont un accentué.

Il y a quelques substantifs masculins terminés par deux *ée*, comme *apogée*, *coryphée*, *cannée*, *empyrée*, *lycée*, *musée*, *périgée*, *cétacée*, etc.

189. Tous les substantifs masculins terminés en *ir* ne prènent pas d'*e* muet, comme *visir*, *décemvir*, *déplaisir*, *nadir*, *élixir*, etc.; excepté *délire*, *empire*, *messire*, *pire*, *navire*, *porphyre*, *le rire*, *le sourire*,

cachemire, *martyre* (tourment), *un satyre*, *sbire*, *vampire*, *zéphire* (sans article).

57me *Leçon.*

Certains substantifs se terminent en OIR *et d'autres en* OIRE.

190. Les substantifs masculins se terminent en *oir* quand on peut changer OIR en ANT. *étouffoir*, *reposoir*, *comptoir*, *dévidoir*, *lavoir*, *frottoir*, etc., se terminent par *oir*, parce qu'on peut dire *étouffant*, *reposant*, *comptant*, *dévidant*, etc.

EXCEPTIONS. *Aspersoir*, *dortoir*, *drageoir*, *manoir*, *soir*, *ostensoir*, *bouloir*, *espoir*, s'écrivent par *oir*, quoiqu'on ne puisse pas dire *aspersant*, *dortant*, etc.

Écrivez par *oire* tous les substantifs masculins qui ne peuvent devenir participes présents par le changement de *oir* en *ant*, comme *auditoire*, *ciboire*, *directoire*, *conservatoire*; on ne pourrait pas dire: *auditant*, *cibant*, *directant*, *conservatant*. Pourtant écrivez par *oire : compulsoire*, *consistoire et grimoire*, *quoiqu'on dise bien compulsant*, *consistant*, *grimant*. Écrivez par *oire*, les substantifs féminins, *armoire*, *écumoire*, *baignoire*, etc. Écrivez encore par *oire* tous les adjectifs, soit masculins, soit féminins, comme : *illusoire*, *méritoire*, *notoire*, *provisoire*, etc., excepté *noir* quand il est masculin.

58me *Leçon*

Substantifs terminés en TION, SION, XION, CION.

191. Il y a 1190 mots dans la langue qui finissent par le son TION; 1072 s'écrivent par TION; 105 par SION; 11 par XION, et 2 par CION. Écrivez par TION tous les mots qui, avant la syllabe TION, ont une des lettres du mot OCCUPAI. J'écris *émotion* par *tion*, parce que la syllabe TION est précédée de *o*, première lettre du mot OCCUPAI; j'écris *action* par TION, parce que TION est précédé de *c*, seconde lettre du mot OCCUPAI; j'écris *locution* par TION, parce que cette

dernière syllabe est précédée de *u*, quatrième lettre du mot OCCUPAI. Écrivez encore par *tion* les mots qui, avant la syllabe TION, ont un *n* ou un *r*, comme *attention*, *prétention*, *désertion*, *insertion*. Les 105 mots qui s'écrivent par *sion*, n'ont jamais avant la finale *sion* une des lettres du mot *occupai*; ainsi j'écris PENSION par *sion*, parce que la syllabe *sion*, n'est pas précédé d'une des lettres du mot OCCUPAI; il en est de même de *convulsion*, *discussion*, *conversion*, etc.

Les mots en XION, sont: *xion*, *annexion*, *complexion*, *connexion*, *flexion*, *fluxion* et leurs dérivés. Les mots en CION sont *cion* (terme de marine), *scion* (rejeton), *suspicion*.

59me *Leçon.*

DES SUBSTANTIFS COLLECTIFS.

192. On appèle *substantif collectif* celui qui exprime la *collection* ou la *réunion* de plusieurs objets, comme: *peuple*, *armée*, *forêt*, *la plupart*, *une infinité*, *une multitude*, etc.

193. On divise les collectifs en *général* et en *partitif*. Le collectif *général* est celui qui énonce l'*universalité des objets*, comme: *le peuple*, *l'armée*. Le collectif *partitif* est celui qui désigne *un nombre tiré d'un plus grand nombre*, comme: *la plupart de*, *une infinité de*.

194. L'adjectif, le pronom et le verbe s'accordent toujours avec le collectif *général*, et non avec le substantif qui suit. Ex.: *L'armée des ennemis* A ÉTÉ MISE *en déroute*; MISE s'accorde avec *armée*, et non avec *ennemis*. *Ce troupeau de bœufs* APPARTIENT *à ce fermier*; APPARTIENT s'accorde avec *troupeau*, et non avec *bœufs*. Le collectif *général* est ordinairement précédé d'un de ces mots: *le*, *la*, *ce*, *cet*, *mon*, *ton*.

195. Quand le collectif *partitif* est suivi d'un substantif *pluriel*, l'adjectif, le pronom et le verbe s'accordent avec ce substantif. Ex.: une foule de *séditieux* ENTOURAIENT le sénat; *entouraient* s'accorde avec

séditieux. Mais l'adjectif, le pronom et le verbe restent au singulier si le collectif partitif est suivi d'un substantif singulier. Ex. : une infinité *de monde* PARLE mal.

60me *Leçon.*

NU, DEMI, FEU, SUR, MUR, DU.

196. NU et DEMI sont invariables quand ils sont placés avant le substantif. Ex. : *nu-pieds*, *nu-tête*, une *demi-aune*, une *demi-heure*. DEMI, placé après le substantif en prend le genre seulement : *deux aunes et demie de drap : quatre heures et demie. Demi* ne prend la marque du pluriel que quand il est pris comme substantif. *Cette pendule sonne les demies.* FEU, placé avant l'article déterminatif, ou avant l'article possessif, est invariable. Ex. : *feu la reine*, *feu nos rois.* Mais FEU, placé après l'article, s'accorde avec le substantif. Ex. : *la feue reine*, *nos feus rois.*

Les adjectifs *sûr*, signifiant certain, *mûr*, dans le sens de maturité, et le participe *dû*, prènent l'accent circonflexe sur l'*û*.

61me *Leçon*

CENT, VINGT ET MILLE.

197. Le mot CENT prend un *s* au pluriel quand il y a plusieurs *cents* et qu'il est suivi d'un substantif. Ex. : *deux cents hommes*, *trois cents francs ;* mais quoiqu'il y ait plusieurs *cents*, si ce mot n'est pas suivi d'un substantif, il ne prend pas *s : deux cent cinq hommes*, *trois cent dix francs.*

198. Le mot VINGT prend un *s* dans *quatre-vingts francs*, *quatre-vingts hommes* ; mais quand après *quatre-vingt* il y a un autre nombre, il ne prend pas *s : quatre-vingt* CINQ *centimes*, *quatre-vingt* HUIT *francs.*

199. Le mot MILLE s'écrit de trois manières : 1° pour la date des années, on écrit MIL, au lieu de *mille. L'an* MIL *huit cent trente trois*, *l'an quatre* MIL *du monde.* MILLE, signifiant le nombre dix fois cent,

s'écrit MILLE, et il ne prend jamais *s* : *trois mille hommes.* MILLE, signifiant une étendue de chemin, prend un *s* au pluriel : *ce village est à trois milles de la ville.*

62me *Leçon.*

MÊME, CHAQUE, CHACUN, AUCUN, NUL.

200. MÊME est *adjectif* ou *adverbe.* MÊME signifiant *semblable* est *adjectif;* alors il précède ordinairement un substantif; il peut aussi être placé après un seul substantif ou pronom. Ex. : *Les* MÊMES *vertus qui servent à fonder un empire servent aussi à le conserver. Vos parentes vinrent elles-*MÊMES. *Les ennemis* MÊMES *de ce prince l'estiment.*

201. MÊME signifiant *aussi, de plus*, est *adverbe;* dans ce cas, il est invariable et est ordinairement placé après plusieurs substantifs ou après un verbe. Ex. : *j'ai tout à craindre de leurs larmes, de leurs soupirs, de leurs plaisirs* MÊME. On peut dire : *et aussi* de leurs plaisirs. Nous ne devons pas fréquenter les impies; nous devons MÊME les éviter comme des pestes publiques. On peut dire : nous devons *aussi* les éviter, ou nous devons *de plus* les éviter.

202. CHAQUE veut toujours un substantif après lui. CHACUN s'emploie sans substantif. Ne dites pas : ces livres coûtent deux francs *chaque;* dites : deux francs CHACUN.

203. NUL et AUCUN excluent toute idée de pluralité. Ex : J'ai vu beaucoup d'hymens, *aucun* d'eux ne me *tente. Nul* bien sans mal, *nul* plaisir sans peine.

Cependant on écrira *nuls pleurs* n'*arrosent* sa tombe, parce qu'*aucun* et *nul* adoptent le pluriel quand ils sont suivis d'un substantif qui n'a pas de singulier.

63me *Leçon.*

TOUT.

204. TOUT est *adjectif* ou *adverbe.* TOUT est *ad-*

jectif quand il exprime la totalité des personnes ou des choses, et alors il est placé avant un substantif. Ex : *Tous* les hommes devraient être justes. *Toute* puissance est faible, à moins que d'être unie. J'ai vu *toutes* vos sœurs.

205. TOUT est adverbe quand il signifie *tout-à-fait*, *entièrement*, alors il reste invariable quand il est placé avant un adjectif qui commence par une voyelle ou un *h* muet, que cet adjectif soit masculin ou féminin. Ex. :

Vos frères sont *tout endormis*, *tout heureux*.
Vos sœurs sont *tout endormies*, *tout heureuses*.

TOUT est encore invariable avant un adjectif masculin qui commence par une consonne ou par un *h* aspiré. Ex. : ces hommes sont *tout stupéfaits*, *tout honteux*.

TOUT adverbe prend néanmoins le genre et le nombre quand il est placé avant un adjectif féminin qui commence par une consonne ou par un *h* aspiré. Ex : Vos cousines, en apprenant cette nouvelle, restèrent *toutes saisies*, *toutes honteuses*.

REMARQUE. On écrira : ces enfants sont *tous aimables*, si l'on veut exprimer qu'ils le sont TOUS, sans exception, et l'on écrira. Ces enfans sont *tout aimables*, si l'on veut exprimer qu'ils sont *entièrement* aimables.

64me *Leçon.*

QUELQUE, LEUR.

206. QUELQUE s'écrit de trois manières, 1°. *quelque*, d'un seul mot, est article, il sert à déterminer un ou plusieurs, pris dans un plus grand nombre, dans ce cas, il est placé avant un substantif avec lequel il s'accorde. Ex. : Je vous paierai dans *quelques* jours. Nous verrons cela *quelque jour*.

207. 2°. QUELQUE est adverbe et par conséquent invariable, lorsqu'entre *quelque*. . . . et. . . . *que* il se

trouve un adjectif seul. Ex.: Les rois *quelque* puissants *qu'*ils soient. Quelque bonnes *que* soient vos intentions.

Si entre *quelque*...et...*que* il y avait un substantif et un adjectif, *quelque* s'accorderait avec le substantif. Ex.:

Quelques vains lauriers *que* vous promette la guerre. (*Boileau*).

Quelques superbes distinctions *qu'*obtiènent les hommes, ils ont tous une même origine. (*Bossuet*).

Quelques grands biens *que* l'on possède. (*Régnier Desmarais*).

208. 2°. QUELQUE suivi d'un verbe s'écrit en deux mots *quel que*; la première partie *quel* est adjectif, et s'accorde en genre et en nombre avec le substantif sujet du verbe. Ex.: *Quel que* soit votre *pouvoir*. *Quels que* soient vos *desseins*. *Quelles que* soient vos *connaissances*. Vos ressources *quelles qu'elles* soient.

209. LEUR placé avant ou après le verbe, ne prend jamais *s*. Dites: je *leur* ai parlé, nous *leur* avons dit, et non: je *leurs* ai parlé; nous *leurs* avons dit.

65ᵐᵉ *Leçon.*

MON, MA, MES, SON, SA, SES, NOTRE, VOTRE, LEUR.

210. Les articles possessifs, ***mon, ma, mes, son, sa, ses, leur***, se remplacent par les articles ***le, la, les***, quand il est clairement indiqué à qui appartient l'objet dont on parle, ou quand ils sont suivis d'une préposition qui en tient lieu. Ne dites donc pas: ***j'ai mal à* MA *tête; vous vous êtes cassé* VOTRE *bras; je tiendrai* MA *parole que je vous ai donnée***. Dites: j'ai *mal à* LA *tête*. JE indique suffisamment que c'est à la tête de vous que vous avez mal. ***Vous vous êtes cassé* LE *bras;*** VOUS indique suffisamment que c'est ***le bras de vous*** que vous avez cassé. ***Je tiendrai* LA *parole que je vous ai donnée***.

211. Mais dites: Je vois que ***ma jambe*** s'enfle; car si vous disiez: je vois que ***la jambe*** s'enfle, on

ne saurait si c'est votre jambe ou celle de Paul qui enfle.

Ce et Être.

212. Ne dites pas : *Ce sont Ernest et Jules* qui iront à la chasse, dites : *C'est Ernest et Jules* etc. Quand *ce* et *être* se trouvent avant plusieurs substantifs singuliers ou avant les pronoms *nous* et *vous*, le verbe reste au singulier. Ex. : *c'est* le *fer* et l'*or* ; *c'est nous* qui ; *c'est vous* qui ; et non : *ce sont* nous, *ce sont* vous. Ce veut le verbe au pluriel quand ce dernier est suivi d'un substantif pluriel, ou d'un pronom de la 3e personne plurièle. Ex. : *ce sont vos frères* qui sont venus. *Ce furent les Phéniciens* qui inventèrent la navigation, *ce sont eux* qui. *Ce sont elles* qui.

66me *Leçon.*

Son, sa, ses, leur, leurs.

213. Les articles possessifs *son, sa, ses*, *leur*, *leurs* ne s'emploient, pour les noms des choses que, quand l'objet possesseur est sujet de la même proposition où se trouve l'objet possédé. On dit bien : chaque *âge* a *ses* plaisirs, *son* esprit et *ses* peines, parce que *plaisir*, *esprit* et *peines*, qui sont les objets possédés, sont dans la même proposition que l'objet possesseur *âge*. Mais quand *son*, *sa*, *ses*, *leur*, ne sont pas exprimés dans la même proposition que l'objet possesseur, il faut les remplacer par un des articles *le*, *la*, *les*, et le pronom *en*. Ne dites donc pas : *La patience est amère*, SON *fruit est doux*, ni ; *nourri dans le sérail, je connais* SES *détours* ; car *son* se rapporte à *patience*, qui n'est pas dans la même proposition que *fruit*, et *ses* se rapporte à *sérail* qui n'est pas dans la même proposition que *détours*. Dites : *La patience* est amère *le* fruit *en* est doux ; nourri dans *le* sérail, j'*en* connais les détours.

Ne dites pas non plus : Étudiez les langues anciennes, apprenez à connaître *leurs* beautés ; dites : Etudiez les langues anciennes, apprenez à *en* connaître *les* beautés.

214. Pourtant on emploie bien *son, sa, ses. leur* pour des noms de choses, quand ces noms sont précédés de la préposition *de*. Ex. : Ce fleuve est rapide, la profondeur de *son* lit est remarquable.

67me *Leçon.*

LE *représentant un substantif ou un adjectif.*

215. Le pronom *le* est invariable quand il représente un adjectif ou plusieurs mots; si l'on demandait à une dame : *êtes-vous* MARIÉE ? elle devrait répondre : *Oui je* LE suis, et non je LA suis, parceque le mot LE se rapporte à l'adjectif *mariée*, je suis CELA, *mariée*. Êtes-vous *peureuse ? Oui je* LE *suis*. Êtes-vous *chasseurs?* oui, nous *le* sommes, et non nous LES sommes parce que le mot *le* se rapporte au substantif *chasseurs* qui est employé sans article. Nous sommes CELA, chasseurs.

216. Le pronom LE est variable lorsqu'il tient la place d'un substantif. Ex. : *Êtes-vous* LA *mariée* ? Oui, je LA suis, parceque le pronom LA représente le substantif *la mariée*. Êtes-vous LES chasseurs du Roi ? oui nous LES sommes, *les chasseurs*. On dira donc : Êtes-vous *maîtresse* de cette maison ? Oui, je LE suis; et êtes-vous *la maîtresse* de cette maison ? oui, je LA suis.

217. On emploie LE, avant les adverbes *plus*, *mieux*, *moins*, quand on veut indiquer la qualité portée au plus haut degré, et sans aucune comparaison à d'autres objets. Ex. :

Cette actrice est LE PLUS *communément applaudie.*

(C'est-à-dire qui est presque toujours applaudie.)

Les roses sont les fleurs qui me plaisent LE PLUS.

Mais on emploie *le*, *la*, *les*, avant *plus*, *mieux*,

moins, pour exprimer une comparaison qui a rapport à d'autres objets. Ex. :

Cette actrice est LA PLUS *sévèrement jugée.*

(C'est-à-dire, jugée plus sévèrement que les autres actrices.)

68me *Leçon*

VOUS, TU, LUI, EUX, ELLE, SOI.

218. Le pronom VOUS, employé pour TU, veut le verbe au pluriel; mais l'adjectif suivant reste au singulier; Ex.; *mon* fils, *vous serez* ESTIMÉ, si *vous êtes* SAGE.

219. Les pronoms *lui*, *eux*, *elle*, se disent des personnes et des choses; mais on ne doit pas les employer comme compléments indirects, surtout quand ils représentent des noms de choses; dans ce cas, on les remplace par le mot *en* et *y*. Ne dites pas, en parlant d'une table : *je m'approchai d'*ELLE, *je m'assis sur* ELLE. Dites : *je* M'EN *approchai*, *je m'*Y *assis* Ne dites pas non plus : *Ce chien est à craindre*, *ne vous fiez pas à* LUI. Dites : *ne vous-y fiez pas*

220. Le pronom SOI ne s'emploie qu'après un sujet vague et indéterminé, comme ON, *chacun*, *quiconque*, *ce*, ou après un infinitif ou un participe présent Ex. : ON *ne doit jamais parler* de SOI; CHACUN *songe à* SOI; N'AIMER *que* SOI. Cependant en parlant des choses on dit bien : *La vertu est aimable* de SOI. *Le vice est odieux* de SOI *Le chat ne pense que pour* SOI.

REMARQUE. Le pronom SOI ne peut pas se rapporter à un pluriel; ne dites pas : *Ces choses* sont indifférentes de SOI. Dites : ces choses sont indifférentes *d'elles-mêmes*.

69me *Leçon.*

QUI, QUE, DONT.

221. Les pronoms *qui*, *que*, *dont*, doivent tou-

jours être placés près du substantif ou pronom auquel ils se rapportent, et que l'on appèle antécédent; dites : *je vous envoie, par ma servante, un chien* QUI a les oreilles coupées, et non : je vous envoie un chien par ma servante QUI a les oreilles coupées.

222. Qui, précédé d'une préposition, ne se dit jamais des choses, mais seulement des personnes; ainsi ne dites pas : *La grammaire* A QUI je m'applique : dites *à laquelle.* Ne dites pas non plus : *L'arbre* SUR QUI *je suis monté*; dites : *sur lequel.* On dira très-bien : la personne *à qui* ou *à laquelle* je me confie.

223. REMARQUE. Il faut dire : C'est en Dieu QUE nous devons mettre notre confiance, et non pas EN QUI; c'est à vous QUE je veux parler, et non pas A QUI; c'est de cet homme QUE je vous parle, et non pas DE QUI. Dans ces phrases QUE n'est pas pronom relatif, il est conjonction.

224. QUI relatif est toujours du même genre et du même nombre que son antécédent; dites : c'est *moi qui* ai vu; c'est *toi qui* as vu, c'est *lui qui* a parlé; et non : c'est moi qui *a* vu, c'est toi qui *s'est* trompé; dites encore : c'est nous qui *avons* parlé, et non : qui ont parlé; c'est vous qui *buvez*, et non : qni *boit.*

70me *Leçon.*

CELUI-CI, CELUI LA, ON.

225. CELUI-CI, CELUI-LA, s'emploient de cette manière : CELUI-CI, pour représenter la personne ou l'objet dont on a parlé en dernier lieu; CELUI-LA, pour représenter la personne ou l'objet dont on a parlé en premier lieu. Ex. : *Les deux philosophes* HÉRACLITE *et* DÉMOCRITE *étaient d'un caractère bien différents : celui-ci* (DÉMOCRITE) *riait toujours, celui-là* (HÉRACLITE) *pleurait sans cesse.*

226. CECI, désigne une chose proche, et CELA une chose plus éloignée. Ex. : *je n'aime pas* CECI; *donnez-moi* CELA.

227. Le pronom ON s'emploie au commencement d'une phrase, dites : ON *fuit les impies*, et non : L'ON *fuit les impies*. On emploie L'ON après les conjonctions *et*, *si*, *ou*, *et l'on rit*, *si l'on pense*, *ou l'on joue*; à moins qu'il n'y ait après ces conjonctions un mot qui commence aussi par un *l*, ce qui produirait un son désagréable; dites : *et on le voit*, *si on le veut*, ou *on le verra*, et non pas : *et l'on le voit*, *si l'on le veut*, *ou l'on le verra*.

Dites aussi pour rendre la prononciation plus douce : *ce que l'on conçoit*, *il faut que l'on conviène*, et non pas : *ce qu'on conçoit*, *il faut qu'on conviène*.

71me *Leçon*.

AUTRUI, CHACUN, PERSONNE.

228. AUTRUI n'est susceptible ni de genre ni de nombre, il ne se joint jamais avec les articles possessifs *son*, *sa*, *ses*, *leur*. EN est le seul pronom qui puisse être en rapport avec lui, ne dites pas : *On ne médit souvent d'*AUTRUI, *que parce qu'on craint de voir relever* SON *mérite ;* dites : que parce qu'on craint d'*en* voir relever *le* mérite. Ne dites pas non plus : *En épousant les intérêts d'*AUTRUI, *nous ne devons pas épouser* SES *passions ;* dites nous ne devons pas *en* épouser *les* passions.

229. CHACUN ; quand ce pronom se rapporte à un substantif pluriel, il prend après lui tantôt *son*, *sa*, *ses*, et tantôt *leur*, *leurs*. CHACUN, prend *son*, *sa ses*, quand il est placé après le complément du verbe, ou qu'il n'a pas de complément. Ex. : *Il faut remettre ces livres-là* CHACUN, *à* SA *place*.

CHACUN prend *leur*, *leurs*, quand il est placé avant le complément du verbe, et alors on le met entre deux virgules. Ex. : *remettez*, CHACUN, *en* LEUR *place*, *les livres* que vous avez lus. *Ils ont apporté*, CHACUN, *leur offrande*.

230. PERSONNE est masculin quand il est employé comme pronom, alors il ne prend pas l'article. Ex. :

je ne connais PERSONNE *plus* HEUREUX que lui. Mais PERSONNE est féminin quand il est employé comme substantif : *Cette personne* est très-*heureuse*.

72me *Leçon.*

REMARQUES SUR L'ACCORD DU VERBE AVEC SON SUJET.

231. Le sujet d'un verbe ne doit point être exprimé deux fois, quand un seul sujet suffit. Ne dites pas :

> LOUIS *en ce moment prenant son diadème*,
> Sur le front du vainqueur, IL le posa lui-même.

Louis étant sujet de *posa*, le pronom *il* est surabondant et vicieux.

232. Nous avons dit que le verbe s'accorde en nombre et en personne avec son sujet ; comme : le *soleil* nous *envoie* sa propre lumière, et les *planètes* ne nous *envoient* qu'une lumière empruntée; que quand un verbe se rapporte à deux sujets singuliers, on le met au pluriel ; comme : le *naufrage* et la *mort sont* moins funestes que les plaisirs qui attaquent la vertu. Voici pourtant des exceptions.

1°. On met le verbe au *singulier* quand les sujets sont séparés par la conjonction *ou*. Ex. :

La *crainte* ou *l'espérance* les *empêcha* de remuer. 2° Quand les deux sujets unis par *ou* sont de différents nombres, le verbe s'accorde avec le dernier. Ex. : le *crédit* ou les ÉMOLUMENTS attachés à cette place, la lui *font* rechercher. Les *émoluments* ou le CRÉDIT attaché à cette place, la lui *fait* rechercher. 3° Si les sujets unis par *ou* sont de différentes personnes, on met le verbe au pluriel et à la personne qui a la priorité : la première l'a sur la seconde, et celle-ci l'a sur la troisième ; *vous* ou votre *frère viendrez* me voir. *Joséphine* ou *moi irons* à la promenade. *Vous* ou *lui parlerez*. On ferait mieux de répéter le sujet qui a la priorité. Ex. : *Vous ou votre frère*, VOUS *viendrez me voir. Joséphine ou moi* ; NOUS *irons à la promenade.*

73me Leçon.

233. 4°. On met encore le verbe au singulier, quand il y a une expression qui réunit tous les substantifs en un seul sujet; comme *tout*, *rien*, *personne*. Ex. : *grands et petits*, *riches et pauvres*, PERSONNE *ne doit se soustraire à la loi. Paroles*, *regards*, TOUT *est charme dans vous.*

234. 5° Si les deux sujets sont unis par une des conjonctions; *comme*, *de même que*, *ainsi que*, *autant que*, *non moins que*, *aussi bien que*, le verbe s'accorde avec le premier sujet. Ex. :

La *France*, COMME l'*Angleterre*, A *combattu pour la liberté.*

La *vertu*, NON MOINS QUE *la richesse*, REND l'homme heureux.

235. 6° Lorsque les substantifs sujets sont liés par NI répété, et qu'il n'y a qu'un des deux sujets qui doive faire ou recevoir l'action exprimée par la phrase, on met le verbe au singulier. Ex. : *Ni votre tante ni la mienne ne* SERA NOMMÉE supérieure du monastère. (Il ne faut qu'une supérieure). Mais si deux sujets font ou reçoivent en même temps l'action et qu'il n'y ait pas d'exclusion, on met le verbe au pluriel. Ex. : *Ni l'or ni la grandeur ne nous* RENDENT *heureux.*

236. 6° On fait aussi accorder le verbe avec le dernier substantif quand ces substantifs ont a peu-près la même signification. Ex. : *La bravoure*, *l'intrépidité de Turennes* ÉTONNAIT *les plus braves.* Dans ce cas, il ne faut point unir les deux sujets par la conjonction *et.*

74me Leçon.

PLACE DU SUJET.

237. Dans les phrases interrogatives, on place le sujet après le verbe et on l'y joint par un trait d'union. Ex. : *Partirez-vous demain ? Êtes-vous sage ? irai-je ? viendras-tu ? est-il arrivé ? aimé-je ?*

238. L'usage ne permet pas toujours cette manière d'interroger à la première personne, parce que la prononciation en serait rude et désagréable. Ne dites pas : *Cours-je ? mens-je ? dors-je ? sors-je ?* prenez un autre tour, et dites : *est-ce que je cours ? est-ce que je mens ? est-ce que je sors ?*

239. Quand le verbe finit par une voyelle, on ajoute un *t* avant les pronoms *il*, *elle*, *on*; et l'on place ce *t* entre deux traits-d'union. Ex. : *appèle-t-il ? viendra-t-elle ? aime-t-on les paresseux ?*

240. Les pronoms personnels en sujet, *je*, *tu*, *il*, *se*, se répètent, 1°. Quand il y a deux propositions, de suite, dont la première est négative et la seconde affirmative, ou dont la première est affirmative et la seconde négative, Ex. : JE *le dis* et JE *ne le pense pas*. TU *ne dis rien et tu désires parler* ; 2° Quand les propositions sont liées par tout autre conjonction que par *et*, *mais*, *ni*.

75me *Leçon*

EMPLOI DES TEMPS DE L'INDICATIF.

241. Le présent de l'indicatif sert à exprimer qu'une chose EST ou SE FAIT au moment où l'on parle. Quand je dis ; *je marche*, *nous chantons*; c'est comme si je disais : *je suis actuellement marchant*, *nous sommes actuellement chantant*.

242. On emploie aussi le présent au lieu du *passé*, pour donner au discours plus de vivacité et de grâce; ainsi l'auteur de la Bible en vers a pu dire :

> *Dieu* PARLE, *l'homme* NAIT, *après un court sommeil*,
> *Sa modeste compagne* ENCHANTE *son réveil*.

Au lieu de : *Dieu* PARLA, *l'homme* NAQUIT, *sa modeste compagne* ENCHANTA *son réveil* Mais lorsqu'on emploie le présent pour le passé, il faut que tous les verbes qui sont en rapport au présent, soient aussi au présent. On ne pourrait pas dire : Dieu *parle*, l'homme *naît*, après un court sommeil, sa modeste compagne *enchanta* son réveil.

243. L'IMPARFAIT s'emploie pour marquer une action habituelle ou souvent réitérée, en la considérant relativement à une autre action passée. Ex. : *Je* QUITTAIS *ces lieux quand tu y* ARRIVAS; *j'*ÉCRIVAIS *à mon frère quand je* REÇUS *sa lettre.*

244. Mais on n'emploie pas l'*imparfait* pour exprimer une chose *vraie dans tous les temps.* Ne dites pas : *je vous ai dit que l'adjectif s'*ACCORDAIT *en genre et en nombre avec le substantif qu'il qualifie.* Dites : *que l'adjectif s'*ACCORDE ; car l'adjectif s'accorde toujours avec le substantif qu'il qualifie. Ne dites pas non plus : *je vous ai dit que l'étude* ADOUCISSAIT *les mœurs.* Dites : ADOUCIT.

76me *Leçon.*

245. LE PRÉTÉRIT DÉFINI ne doit s'employer que pour exprimer un temps entièrement écoulé, et dont l'époque est déterminée ou éloignée. Ex. : *nous nous* VOUÂMES *une éternelle amitié dès que nous nous* VÎMES. J'ÉCRIVIS *hier, ou la semaine dernière, ou le mois passé, ou l'an passé à votre père.* Mais ne dites pas : *j'*ÉCRIVIS *ce matin, cette semaine, ce mois-ci, cette année à votre père.* Ce serait faire une faute que de dire : *je reçus* ce mois-ci une lettre de mon fils, et je lui *répondis* cette semaine ; parce que le mois et la semaine ne sont pas entièrement écoulés.

246. LE PRÉTÉRIT INDÉFINI s'emploie indifféremment pour un temps passé, soit qu'il reste encore une partie à s'écouler, soit qu'il n'en reste plus rien. Ex. : J'AI PARCOURU *hier ou aujourd'hui les belles promenades du Luxembourg.* J'AI ÉCRIT *le mois dernier à vos parents, et je leur* AI *encore* ÉCRIT *ce mois-ci.*

247. LE PLUSQUE-PARFAIT s'emploie pour une chose, non seulement passée en soi ; mais encore passée à l'égard d'une autre chose qui est aussi passée, lorsque je dis : *j'avais dîné quand vous vîntes me demander,* je veux dire que l'action de mon dîner *était*

passée à l'égard de votre *arrivée*, ou du temps où vous *vîntes*, qui est aussi un temps passé, relativement à celui où je parle. On doit bien se garder d'employer le *plusque-parfait* pour le *prétérit défini*. Ne dites pas : *nous avons appris que vous* AVIEZ FAIT *un naufrage en arrivant au Pérou;* dites : *que vous avez fait*

248. LE CONDITIONNEL PRÉSENT s'emploie pour exprimer une condition dans un temps présent. On ne doit pas l'employer pour le futur. Ne dites pas : *votre père a dit que vous* IRIEZ *au collège l'an prochain;* dites : *que vous irez.*

249. Il ne faut pas non plus employer le *conditionnel présent* pour le *conditionnel passé.* Ne dites pas : *vous m'avez promis que vous* SERIEZ VENU *me voir;* dites : QUE VOUS VIENDRIEZ.

77me *Leçon.*

EMPLOI DU SUBJONCTIF.

250. Quand deux verbes sont unis par la conjonction QUE, et que le premier exprime une idée de *désir*, de *doute*, de *surprise*, de *crainte*, ou une *volonté*, on met le second verbe au subjonctif. Ex. : *Je désire* QUE *vous* ÉTUDIIEZ. *Je crains* QUE *tu* PÉRISSES. *Le roi veut* QUE *vous* EXÉCUTIEZ *ses ordres. Je souhaite* QU'*il viène. Il ne paraît pas* QUE *votre oncle* SOIT *décidé à venir.*

251. On met encore le second verbe au subjonctif : 1° après les conjonctions suivantes : *quoique*, *afin que*, *quelque....que*, *bien que*, *avant que*, *au cas que*, *encore que*, *jusqu'à ce que*, *loin que*, *soit que*, *supposé que*, *pour que*, *pourvu que*, *sans que*, *sinon que*. Ex. :

Quoique vous *travailliez* beaucoup, vous ne devenez pas riche. Ce livre est toujours sur le bureau, *afin qu*'on *puisse* le consulter. Ils se sont querellés, *avant que* je *fusse* venu. *Bien que* vous le *souhaitiez*, je ne le puis pas.

2° Après les pronoms relatifs *qui*, *que*, *dont* et *où*, quand ils sont précédés d'un substantif ou d'un des mots *le premier*, *le seul*, *l'unique*, *personne*, *rien*, *aucun*, *pas un*.

3° Après les verbes impersonnels *il convient*, *il importe*, *il faut*, quand ils ne sont pas précédés d'un complément indirect.

4° Après un verbe accompagné d'une négation, ou qui exprime une interrogation. Ex. :

LA PLUS BELLE *vertu* QUE *l'homme* PUISSE *posséder*, c'est la bienfaisance. *Je le crois* LE PLUS RICHE *propriétaire* QUI SOIT *dans cette ville*. *Votre paresse est* LA MOINDRE *chose* DONT *votre maître se* PLAIGNE. *C'est le premier homme* QUI *ne lui* RENDE *pas justice*. *C'est le* SEUL *homme* QUI VIVE *de la sorte* IL N'Y A RIEN *que je ne* FASSE *pour vous*. *Il n'a fait* AUCUNE *disposition qui* SOIT *valable* *Présumez-vous* QU'*il* FASSE *moins chaud demain*?

78me *Leçon*.

EMPLOI DES TEMPS DU SUBJONCTIF.

252. Si le premier verbe est au *présent* ou au *futur* simple, on met le second verbe au *présent* ou au *prétérit* du subjonctif.

Si le verbe au subjonctif marque une action à venir, il faut le mettre au présent. Ex. :

Je ne crois pas }
Je ne croirai pas } *que vous* PARVENIEZ *à cet emploi*.

PARVENIEZ est au présent du subjonctif, parce qu'il marque une action *à venir*.

Je ne crois pas }
Je ne croirai pas } *que vous* L'AYEZ *trompé*.

AYEZ TROMPÉ est au *prétérit*, parce qu'il marque une action passée.

253. 1re REMARQUE. Après le *présent* et le *futur* de l'indicatif, on emploie l'*imparfait* du subjonctif, au lieu du *présent*, le *plusque-parfait* au lieu du

prétérit, lorsque le second verbe est suivi d'une expression conditionnelle. Ex. :

Je ne crois pas / *Je ne croirai pas* } *qu'il* PARVINT *à cet emploi*, SANS VOTRE PROTECTION.

PARVINT est à l'*imparfait*, à cause de l'expression conditionnelle *sans votre protection*.

On met le second verbe au prétérit, si l'on veut exprimer une action passée.

Je ne crois pas / *Je ne croirai pas* } *qu'il* EUT OBTENU *cette place*, SI VOUS NE L'EUSSIEZ PROTÉGÉ.

EUT OBTENU est au *plusque-parfait*, parce qu'il marque une action passée et à cause de l'expression conditionnelle, *si vous ne l'eussiez protégé*.

254. 2e REMARQUE. Quand le premier verbe est au *futur passé*, on met le second verbe au prétérit du subjonctif. Ex. :

IL AURA FALLU *que vous* AYEZ EU *beaucoup de prudence dans cette affaire*.

79me *Leçon*.

255. Si le premier verbe est a l'*imparfait*, à l'un des *prétérits*, ou à l'un des *conditionnels*, on met le second verbe à l'*imparfait* ou au *plusque parfait* du subjonctif.

On le met à l'IMPARFAIT, *si l'on veut exprimer une action présente ou futur*; et au PLUSQUE-PARFAIT, *si l'on veut exprimer une action passée*.

Il désirait
Il désira
Il a désiré
Il eut désiré
Il avait désiré
Il désirerait
Il aurait desiré
Il eût désiré
} *que vous* PARLASSIEZ *en sa faveur*.
ou
que vous EUSSIEZ PARLÉ *en sa faveur*.

256. REMARQUE. On met toujours le second verbe au présent du subjonctif, *quel que soit le temps du premier*, lorsque l'action ou l'état marqué par le

second verbe, exprime une *vérité constante*, une chose qui existe encore au moment où l'on parle.

Vous AURIEZ TROUVÉ *mon vin agréable, quoiqu'il ne* VAILLE *pas le vôtre*

Vaille est au *présent*, parce que mon vin *vaut* encore mieux que le vôtre.

Voltaire N'A EMPLOYÉ *aucune fiction qui ne* SOIT *l'image de la vérité*

Soit est au présent, car ces fictions sont encore l'image de la vérité.

80me *Leçon.*

REMARQUES SUR L'INFINITIF.

257. Les infinitifs n'ayant pas la propriété du nombre, ne peuvent communiquer la forme du pluriel aux verbes dont ils sont les sujets. Ex.: *boire, manger, dormir, c'est leur seule occupation*.

258. On peut employer deux infinitifs de suite, alors le second est le complément du premier; mais trois infinitifs de suite rendent le style diffus. Ne dites pas: je crois *pouvoir aller voir* mes amis. Dites *je crois que je* POURRAI aller voir mes amis.

259. L'infinitif, employé comme complément et précédé des prépositions *sans*, *pour*, *à*, etc., veut avoir pour sujet celui de la préposition où il se trouve. Ne dites donc pas : *on ne recevra pas de lettres sans* ÊTRE *affranchies ;* mais dites : *les lettres ne seront pas reçues sans être affranchies.* Ne dites pas non plus : *le jour étant trop avancé pour se* METTRE *en marche, on s'arrêta au bord du fleuve.* Ne semble-t-il pas que c'est le jour *qui va se mettre en marche.* Ne dites pas : le vin est fait *pour boire.* Dites : le vin est fait *pour qu'on le boive.*

81me *Leçon.*

REMARQUES SUR LES COMPLÉMENTS.

260. Il faut donner à chaque adjectif et à chaque

verbe le complément qui lui convient et que lui assigne le bon goût. On dira :

Le bonheur le plus grand, le plus digne d'envie,
Est celui d'être *utile* et *cher* à sa patrie.

On peut dire *utile* à sa patrie, *cher* à sa patrie. Mais on ne pourrait pas dire : cet homme est *utile* et *chéri* de sa famille ; car *utile* veut A et *chéri* veut DE ; dans ce cas, on prend un autre tour et l'on dit : *cet homme* est *utile* à sa famille et EN est chéri.

261. Pour la même raison on dira : cette armée attaqua et prit LA VILLE, parce que le complément *la ville* convient également à *attaqua* et à *prit* ; mais on ne pourrait pas dire : cette armée *attaqua* et *s'empara* DE LA VILLE, parce que le complément *de la ville* ne convient point à *attaqua*, qui veut un complément direct ; dans ce cas, on se sert du pronom EN, et l'on dit : *il attaqua la ville et s'*EN *empara.*

262. Quand un verbe a deux compléments, l'un direct, l'autre indirect, le goût veut que l'on place d'abord celui de ces deux compléments qui est le plus court. Ex. :

Malheur à celui qui ne sait pas sacrifier LES PLAISIRS *aux devoirs de l'humanité.*

Partout la pauvreté sert, A PEU DE FRAIS, *la richesse qui lui procure l'existence.*

263. Si Les deux compléments sont d'égale longueur, le complément direct doit se placer le premier. Ex. :

Le vrai courage trouve toujours QUELQUES RESSOURCES *contre l'adversité.*

82me *Leçon.*

264. Si le verbe a pour complément plusieurs mots, unis par l'une des conjonctions *et*, *ni*, *ou*, les mots doivent être de la même espèce. Dites : *Il aime la* PÊCHE ET *la* CHASSE, et non : *il aime à pêcher et la chasse.* De même on ne dirait pas : *il n'aime ni le* JEU

ni à ÉTUDIER. Il faut : *il n'aime ni le jeu ni l'étude*, ou *il n'aime ni à jouer ni à étudier.*

265. Nous avons dit que les verbes intransitifs (neutres) ne peuvent avoir de complément direct. Ne dites donc pas : *ils se nuisent* L'UN L'AUTRE. Dites : *il se nuisent* L'UN A L'AUTRE.

366. Certains verbes se refusent à avoir pour complément un nom de personne, d'autres se refusent à avoir pour complément un nom de chose. Ne dites pas : *ces hommes étaient bien criminels ; cependant on* LES a *pardonnés de leurs crimes* ; ni : *je consolerai* VOS LARMES. On ne dit pas : *pardonner quelqu'un*, donc pardonner ne peut point avoir de complément direct pour les personnes. On ne dit pas *consoler quelque chose.* Il faut : *on* LEUR *a pardonné leurs crimes. Je tarirai vos larmes.*

267. Après les verbes passifs on emploie *de* ou *par*. Il faut employer DE quand le verbe exprime des actes intérieurs de l'âme auxquels le corps n'a point de part. *Un jeune homme vertueux est estimé* DE *tout le monde.*

On emploie PAR quand le verbe présente une opération de l'esprit ou une action du corps : *la poudre à canon fut inventée* PAR *le cordelier Berthold Schwartz, vers la fin du 13e siècle ; et les bombes, par Gallen, évêque de Munster, vers le milieu du 17e siècle.*

83me *Leçon.*

REMARQUES SUR L'EMPLOI DE CERTAINES PRÉPOSITIONS.

268. Les prépositions PRÈS, PROCHE, VIS-A-VIS, veulent DE après elles. Dites : il demeure *près de, proche de, vis-à-vis de* l'église ; et non : *près, proche, vis-à vis l'église.*

269. AU TRAVERS veut être suivi de la préposition DE : *au travers des* ennemis. A TRAVERS la rejète : *à travers les* ennemis.

270. PRÈS, AUPRÈS, ne doivent pas être confondus.

Le premier emporte seulement une idée de proximité, le second exprime une idée d'alentour, d'assiduité. Ex. : malheur à qui est *près* du trône, c'est-à-dire *à proximité* du trône. Ce jeune enfant est toujours *auprès* de sa mère (Il y est assidu).

271. PRÈS DE signifie *sur le point de* ; les beaux jours sont *près de* finir. PRÊT A signifie *diposé à* : l'ignorance est toujours *prête à* s'admirer. Celui qui est *près de* mourir, n'est pas toujours *prêt à* mourir.

272. ENVERS, A L'ÉGARD, VIS-A-VIS. Ne dites pas : ton ami s'est montré ingrat *vis-à-vis* de moi ; dites : *envers* moi. Ne dites pas non plus : il était fier *vis-à-vis* de ses supérieurs, dites : *à l'égard* de ses supérieurs.

84me *Leçon.*

273. ENTRE, PARMI. Ne dites pas : la vérité doit être admise *entre* les hommes ; dites *parmi* les hommes. *Entre* se dit de deux objets : *entre* Rome et Carthage. *Parmi* se dit d'un plus grand nombre d'objets : *parmi* les hommes, *parmi* la foule.

274. Les prépositions *à*, *de*, *en*, se répètent avant chaque complément : quand jouirons-nous DE la paix, DE la tranquillité. J'ai voyagé *en* Europe, *en* Asie et *en* Amérique.

275. Toutes les prépositions d'une syllabe se répètent quand les compléments n'offrent aucune ressemblance de signification. Ne dites pas : j'ai lu *dans* l'histoire et la géographie. Dites : j'ai lu *dans* l'histoire et *dans* la géographie. Mais dites : Turenne ne perdit pas ses premières années *dans* la mollesse et l'oisiveté. Ces deux substantifs ayant à peu près la même signification.

276. Ne confondez pas AUTOUR et A L'ENTOUR. *Autour* est une préposition, et est toujours suivi d'un complément : *autour du trône ; à l'entour* est un adverbe, et ne peut pas avoir de complément : il était sur son trône, et ses fils étaient *à l'entour*.

277. DURANT, préposition qui exprime une idée de

durée sans interruption ; il ne faut pas l'employer pour PENDANT. On pourra dire à une personne qui a toujours été heureuse : vous avez été heureux *durant* votre vie, et non *pendant* votre vie, parce qu'on entend ici toute la durée. Mais on dira : vous avez fait une belle action *pendant* votre vie. On voit que *pendant* exprime simplement une idée de temps.

85me *Leçon.*

REMARQUES SUR L'EMPLOI DE CERTAINS ADVERBES.

278. AUPARAVANT, DEDANS, DEHORS, DESSUS, DESSOUS, sont des adverbes, et comme tels, ils ne peuvent avoir de complément. Ne dites pas : *vous êtes parti* AUPARAVANT *moi; placez le service* DESSUS *la table; mettez ces marchandises* DESSOUS *les rayons* Dites : *vous êtes parti* AVANT *moi; placez le service* SUR *la table; mettez ces marchandises* SOUS *les rayons.*

Cependant *dessus*, *dessous*, *dedans*, *dehors*, précédés d'une préposition, admètent après eux le complément de la préposition qui les précède : *ôtez le service* DE *dessus la table; cet enfant passa* PAR *dessus les murs.*

279. PLUS, DAVANTAGE ne s'emploient pas l'un pour l'autre. *Davantage* ne peut être suivi de la préposition DE, ni de la conjonction QUE. On ne dirait pas ; *il y a davantage de brillant* QUE de solide ; mais *plus* de brillant.

280. PLUS TÔT, PLUTÔT, ne signifient pas la même chose ; *plus tôt* s'écrit en deux mots pour signifier *plus vite*, c'est l'opposé de *plus tard* : si vous fussiez parti *plus tôt*, je vous aurais donné la préférence ; c'est-à-dire, *plus vite. Plutôt*, en un mot, marque *la préférence* : PLUTÔT souffrir que de mourir.

281. DE SUITE, TOUT DE SUITE. La première expression signifie *sans interruption*, *successivement* : il ne saurait dire deux mots *de suite*. Il a bu trois

coups *de suite* La seconde signifie *sur-le champ :* venez *tout de suite*; c'est à-dire *aussi-tôt.*

282. LA, OU. Ne dites pas : c'est *là où* il périt, c'est *là où* je demeure. Dites : c'est *là qu'il* périt; c'est *là que* je demeure.

283. TOUS DEUX, TOUS LES DEUX. La première expression signifie *l'un avec l'autre.* Ex. : Ernest et Julie dansaient *tous deux* à ce quadrille ; c'est-à-dire *ensemble.* La seconde signifie *l'un et l'autre* : Ernest et Jules iront tous les deux à la chasse. Ils iront l'un et l'autre, mais pas ensemble.

86me *Leçon.*

REMARQUES SUR L'EMPLOI DE QUELQUES CONJONCTIONS.

284. QUOIQUE, en un seul mot, signifie *bien que :* cet homme a succombé à la maladie, *quoiqu'il* fût fort, c'est-à-dire *bien qu'il* fût fort. QUOI QUE, en deux mots, signifie *quelque chose que :* QUOI QUE vous fassiez vous ne réussirez pas ; c'est-à-dire, *quelque chose que* vous fassiez.

285. PARCE QUE, en deux mots, signifie *à cause que, attendu que* : je le fais *parce que* j'y suis forcé; c'est-à-dire *à cause que,* ou *attendu que* j'y suis forcé. PAR CE QUE. en trois mots, signifie *par cela que. par la chose que : par ce que* vous dites, je vois que vous avez raison ; c'est-à-dire, *par la chose ou les choses* que vous dites, etc.

286. QUAND, conjonction, est toujours suivi d'un verbe et signifie *lorsque* : on est toujours heureux *quand* on fait le bien, c'est à-dire *lorsqu'on* fait le bien. QUANT, préposition, signifie *à l'égard de* : *quant* à votre affaire, j'y penserai long-temps ; c'est-à-dire : *à l'égard de* votre affaire, etc.

287. OU, conjonction, ne prend point d'accent grave; OU, adverbe de lieu ou pronom relatif en prend un. On peut toujours mettre le mot *bien* après la conjonction *ou*, on ne peut le mettre après *où* adverbe ou pronom. j'irai à Paris *où* je vous atten-

drai. Ici *où* est adverbe. J'irai à Paris *ou* à Versailles. Ici *ou* est conjonction; on peut dire: *ou bien* à Versailles.

87me *Leçon.*

DE LA PONCTUATION.

DE LA VIRGULE.

288. La ponctuation est l'art d'indiquer, par des signes reçus, le degré de liaison qui existe dans les idées; elle soulage l'esprit et facilite la lecture en indiquant les pauses que l'on doit faire en lisant.

289. Les signes de la ponctuation sont: la ***virgule*** (,), le ***point et virgule*** (;), les ***deux points*** (:), le ***point*** (.), le ***point d'interrogation*** (?) et le ***point d'exclamation*** (!)

NOTA. *Le maître fera sentir aux élèves, par les phrases ci-après, de quelle importance est la ponctuation, en leur démontrant que ces phrases, renfermant absolument les mêmes mots, mais différemment ponctuées, n'ont plus la même signification.*

Ce prince, défenseur de Tarquin-le-Superbe, CHASSÉ *de Rome, alla assiéger cette ville.*

Ce prince, défenseur de Tarquin-le-Superbe CHASSÉ *de Rome, alla assiéger cette ville.*

Dans la première phrase, la virgule placée après superbe, *indique que c'est le prince qui fut chassé; dans la seconde, l'absence de la virgule annonce que c'est* Tarquin.

C'est notre affection pour le roi, qui nous a sauvés.

C'est notre affection pour le roi qui nous a sauvés.

Dans la première phrase, c'est l'affection *qui nous a sauvés; dans la seconde, l'absence de la virgule indique que c'est le* roi *qui nous a sauvés.*

290. On emploie la virgule après les substantifs sujets ou compléments d'un même verbe, lorsqu'ils sont placés de suite; on l'emploie aussi après plusieurs adjectifs qui se suivent. Ex.:

L'*air*, le *feu*, l'*eau*, la *terre* : voilà les quatre éléments.

Ici les substantifs sont séparés par la virgule, parce qu'ils sont sujets.

Vous verrez dans quelques jours votre *père*, votre *mère*, votre *oncle*, votre *tante*, votre *cousine*.

Ici chaque substantif est séparé par la virgule, parce qu'il est en complément de *verrez*. Le chien est *fidèle*, *intelligent*, *docile*, *vigilant*.

Ici on a employé la virgule après chaque adjectif.

291. On emploie la virgule entre plusieurs verbes placés de suite, soit qu'ils aient le même sujet, soit que les propositions aient peu d'étendue. Ex. :

Vil atome qui *croit*, *doute*, *dispute*, *rampe*, *s'élève*, *tombe* et *nie* encore sa chûte.

On arrive, on se réjouit, on débarque enfin.

88me *Leçon.*

292. On ne met point de virgule entre deux substantifs, deux adjectifs ou deux verbes qui sont unis par une des conjonctions *et*, *ou*, *ni*. Ex. :

Le sage est ménagé du *temps* ET des *paroles*.

Cet homme se vit bafoué, sifflé *et* joué.

C'est votre père *ou* le mien qui viendra.

Ce n'est *ni* vous *ni* moi qui serons de cet avis.

On emploie cependant la virgule avant les conjonctions *et*, *ou*, *ni*, quand elles sont répétées plusieurs fois dans la phrase, ou quand les propositions ont trop d'étendue pour être prononcées d'un seul trait. Ex. :

Fénélon réunissait à la fois, *et* l'esprit, *et* la science, *et* la douceur, *et* la vertu.

Cet homme a beaucoup de vivacité dans l'esprit, *et* beaucoup de goût.

Cet homme est maintenant à Paris, *ou* ne tardera pas à y arriver.

293. La virgule se place encore avant et après toute partie de phrase qu'on peut retrancher sans

dénaturer l'idée principale, comme les mots en apostrophe, les compléments accessoires, les propositions incidentes; explicatives, et pour remplacer un verbe sous-entendu (1).

Va, *mon fils*, pars, cours, vole où l'honneur t'appèle.

Mon fils est placé entre deux virgules, parce que c'est un substantif en apostrophe, et qu'on peut le retrancher sans nuire au sens de la phrase.

La vie, *disait Socrate*, ne doit être que la méditation de la mort.

Disait Socrate est placé entre deux virgules, parce qu'on peut retrancher ces mots sans nuire au sens de la phrase, Cicéron, *orateur célèbre*, était éloquent.

Les mots *orateur célèbre*, sont placés entre deux virgules parce qu'on peut dire sans nuire au sens de la phrase : *Cicéron était éloquent.*

Le ciel est dans ses yeux et l'enfer, dans son cœur.

On met une virgule après *enfer*, à cause du verbe *est* sous entendu. *Et l'enfer* EST *dans son cœur.*

89me *Leçon.*

DU POINT ET VIRGULE.

294. On emploie le point et virgule. 1° Pour séparer les différentes propositions d'une phrase, quand elles ont une certaine étendue. Ex. :

Soyez ici des lois l'interprète suprême;
Rendez leur ministère aussi saint que vous-même ;
Enseignez la raison, la justice et la paix.

---

(1) Pour bien ponctuer, il faut absolument connaître l'analyse logique, voyez mon traité d'analyse logique raisonnée, prix, 1 franc, chez Delalain, rue des Mathurins-Saint-Jacques, n° 5, Paris.

295. 2 Entre deux membres de phrases dont les parties sont déjà séparées par la virgule. Ex. :

L'étalon que j'estime est jeune, vigoureux;
Il est superbe et doux, docile et valeureux;
Son encolure est haute, et sa tête hardie;
Ses flancs sont larges, pleins; sa croupe est arrondie;
Il marche fièrement, il court d'un pas léger;
Il insulte à la peur, il brave le danger.

On voit dans ce passage que les propositions après lesquelles on a placé *le point et virgule*, ont des parties séparées par la virgule.

296. 3° Entre deux phrases dont l'une dépend de l'autre. Ex. :

Parler beaucoup et bien, c'est le talent du bel esprit; parler beaucoup et mal, c'est le défaut du fat; parler peu et bien, c'est le caractère du sage.

On voit que cette phrase est composée de trois principaux membres, dont le premier finit par les mots, *bel esprit* après lesquels on a placé le *point et virgule*; le second finit par *le défaut du fat* et est de même nature que le premier membre duquel il dépend : c'est pourquoi on a employé le point et virgule; le troisième se termine par *le caractère du sage*; mais attendu que c'est la fin de la phrase on a mis un point. On remarquera aussi que les trois membres sont subdivisés par la virgule.

297. 4° On emploie le *point et virgule* après des propositions que l'on oppose l'une à l'autre. Ex. :

Il voulait rire, comme La Fontaine; mais il n'avait pas la bouche faite comme lui, il fesait la grimace. *mais il n'avait pas la bouche faite comme lui* est une proposition opposée à la première. *Il voulait rire comme La Fontaine.*

90me *Leçon.*

DES DEUX POINTS ET DES DIFFÉRENTS POINTS.

298. Les deux points se placent après une phrase

finie; mais suivie d'une autre qui sert à l'explication de la première. Ex. :

On ne doit jamais se moquer des malheureux : car qui peut s'assurer d'être toujours heureux.

Car qui peut etc. sert à expliquer la première proposition : *on ne doit jamais se moquer des malheureux*.

299 On emploie les *deux points*, après une phrase à la suite de laquelle on va rapporter les paroles de quelqu'un, ou après laquelle on va énoncer une énumération. Ex. :

Alors Narbal dit : vous voyez, ô Télémaque, la puissance des Phéniciens.

Il faut deux points après *dit*, parcequ'on va rapporter les paroles de Narbal.

Tout me plaît dans les synonymes de l'abbé Girard : la finesse des remarques, la justesse des pensées, et le choix des exemples.

Il faut deux points après Girard, parce qu'on va énumérer ce qui plaît en lui.

300. Le POINT se place après une phrase entièrement finie. Ex. :

L'équité et la charité sont la base de toutes les vertus.

Aimez qu'on vous conseille, et non pas qu'on vous loue.

301. Le POINT D'INTERROGATION s'emploie à la fin des phrases où l'on interroge. Ex. : D'où venez-vous ? où va-t-il ? Mais parle, de son sort qui t'a rendu l'arbitre ?

302. Le POINT D'EXCLAMATION se place à la fin des phrases qui expriment la *tendresse*, la *pitié*, la *crainte*, la *surprise*, la *terreur*, *etc* Ex. :

Que de ressources ne procure pas l'étude !

O Dieu ! confonds l'audace et l'imposture !

EXERCICES SUR LES HOMONYMES. (1)

Les homonymes sont des mots qui ont le même son; mais dont la signification et l'orthographe sont différentes.

PREMIER EXERCICE. *A l'entour* est adverbe, et renferme trois mots.

Alentours, nom pluriel; les *alentours* sont beaux.

Je suis *sain* de corps et d'esprit, j'ai ratifié ma promesse de mon *seing*. Je suis *ceint* de l'écharpe de Maire. Ma mère est morte d'un cancer au *sein*. il y a *cinq* jours que je suis revenu de *Saint*-Cloud.

Amadou prend d'un coup, s'il est sec et bien bon.
Amadoue et fléchis l'inflexible Caron.

2e A notre *abord* je lui dis que je l'*abhorre*. Cet homme quoiqu'*adhérant* à tes principes, n'est pas ton *adhérent*. Tu as trouvé une *agate* que tu as donnée à ma sœur *Agathe*. Il faudra *aiguayer* ce linge et nous *égayer* ensuite. Tu as poussé ton ami dans la rivière d'*Aisne*, il s'est blessé dans l'*aine;* depuis ce temps il a une *haine* contre toi.

Ancre de fer courbé fixe en mer un navire.
Encre, plume et papier servent bien pour écrire.

3e J'ai vu un aigle qui fesait son *aire* près de la ville d'*Aire*, et en plein *air*. Cet homme a mauvais *air*, c'est un pauvre *hère* qui *erre*. Ce soldat vient de *l'armée*, il est tout *alarmé*. Ces enfants nous paraissent tout *haletés*, est-ce vous qui les avez *allaités?* Il *hâla* si fort hier que la terre a besoin d'être arrosée. *Allas*-tu voir tes parents?

Exauce ma prière, ô mon Dieu, je t'implore.
Exhausse le petit, il ne voit rien encore.

---

(1) Avant de faire faire la dictée sur les homonymes, le maître aura soin d'expliquer aux élèves notre leçon sur la *dérivation des mots* (pages 97 et suivantes).

4e. J'ai *peint* un *pin* et j'ai mangé mon *pain*. J'ai *faim* et je ne suis pas encore à la *fin* de mon ouvrage; mais j'ai *feint* de l'achever. Ernest a vu *cent* choses, *sans* y faire attention; il *sent* le bien et *s'en* rit. Je n'aime pas le *sang*, tu ne paies pas le *cens*. J'ai vu des *mots* causer bien des *maux* à Paris comme à *Meaux*. Nous savons que le *Pô* n'est ni un *pot*, ni une *peau*, ni la ville de *Pau*.

Etaim; laine très-fine, occupe plus d'un bras.
Etain, métal fort mou, sert à fondre des plats.

5e Je *pars*, qu'on me garde ma *part*. Je me *pare* de mes plus beaux habits, je serai bientôt *ici*, parce que je repasserai par *Issy*. Quand Julie *partit*, elle avait pris son *parti* et payé la *partie*. Je *perds* chez mon *père*; mais je gagne chez un *pair* de France et me voilà au *pair*. Mes deux gants font la *paire*. Qu'on ne croie pas que je *mente* : j'arrive de *Mantes*, d'où j'apporte de la *menthe* sous ma *mante*.

Aulx, pluriel du mot *ail*, servent pour embaumer.
Aux dépens du bon sens, gardez de plaisanter.

6e Tu fus condamné à l'*amende* pour avoir pris des *amandes*. Cet homme s'est fait *anoblir*, mais depuis, il a su *s'ennoblir* par ses actions. J'*entre* dans un *antre*, tu m'y trouves *entre* plusieurs voleurs. Nous allâmes voir le port d'*Anvers*, en nous promenant nous achetâmes un ouvrage *en vers*; nous vîmes des bâtiments peints *en vert*; nous visitâmes les fabriques et nous y vîmes travailler *en verre*.

Appui de l'innocent, ô Dieu! viens le venger.
Appuie un malheureux; le fort doit protéger.

7e *Après* les *apprets* de la fête nous partîmes. On a établi un *haras* dans la ville d'*Arras*. Le tribunal a rendu un jugement *arbitraire* en voulant faire *arbitrer* cette affaire. Je me *baignais* dans la Seine après avoir mangé des *beignets*. Je m'aperçois que la *hart* de ce fagot ne vaut rien, j'ai donné des *arrhes* sur le marché. *Hâtez*-vous de réprouver les *athées*. Cet homme avait consulté les *auspices*, il vit qu'à l'aide de vos *auspices*, il entrerait à l'*hospice*.

> *Autel* est un lieu saint où le prêtre dit messe.
> *Hôtel* de la monnaie annonce la richesse.

8e Cet *auteur*, dans ses écrits, ne s'est pas élevé à une grande *hauteur*. Dans un voyage que j'ai fait à *Bâle* en Suisse, j'ai vu dans un *bal* un homme qui s'est tué avec trois *balles*. Nous avons fait plusieurs *baux* avec le propriétaire de ces *beaux* domaines. Voyez ces *bons* enfants, comme ils font des *bonds* sur le gazon. Il faut distinguer un *cor* de chasse d'un *corps* d'armée.

> *Bonheur* est loin des fous, mais il suit l'homme sage.
> *Bonne heure* de travail, avance bien l'ouvrage.

9e L'odeur du *thym* que je *tins* fit pâlir mon *teint*. Ma glace est au *tain*. Je *teins* ce drap. En mangeant du *thon*, je me donne du *ton*. Je *tonds* mes moutons, et je chasse un *taon*. Je *tends* le bras *tant* qu'il m'est possible pour avoir du *tan* et je perds mon *temps*. Je *vins* le *vingt*, mais en *vain*, pour goûter tes *vins*. Monsieur le *comte* me *conte* un *conte* sur le *compte* d'un homme *soûl* qui est *sous* la porte et qui n'a pas le *sou*.

10e Nous sommes allés à *Caen* en Normandie, là nous avons vu un *camp*. Ta sœur est *celle* qui nous *cèle* la vérité. Où est la *selle* de mon cheval? tu aimes le *sel*; cet ouvrier *scelle* des *barres* de fer dans la ville de *Bar*. J'avais un *canot* pour naviguer dans les *canaux*; nous allâmes avec lui sur la *Seine*; cette rivière est très-*saine*; nous y fîmes un repas qui nous rappela la *cène* de J.-C. Cet auteur se tient mal sur la *scène*. C'est un homme *sensé* qui est *censé* savoir son rôle.

> *Champs* tout remplis de fleurs, composaient l'Élysée.
> *Chants* bien harmonieux rapèlent ceux d'Orphée.

11° Mon frère le *banquier* a été invité à notre *banquet*. Je *plains* les gens serrés dans un lieu *plein*; j'aime à circuler de *plain*-pied. En demandant mon *coût*, j'ai reçu un *coup* sur le *cou*. Tu *couds* cette pièce au *coude*-pied. Je te *confie* ce secret; je te *confis* des prunes. Tu mangeras mes *coings* dans un *coin*. Les *pois* ne se vendent pas au *poids* comme la *poix* de résine.

Raiponce pour manger, se cueille et s'assaisonne.
Réponse d'Atticus à Tullie, est fort bonne.

Je tiens ma *dent* dans ma poche, elle ne me sera plus à *dam*. Je viens *d'en* rire avec ma *tante* qui prend le frais sous ma *tente*, et qui restait dans *l'attente* de me revoir. *Quand* je dis qu'*en* traversant *Caen* j'ai vu le *camp*, je plaisante; *quant* à ma fille, elle a vu Gengis-*Kan* où l'on fesait *quanquan*. Je ne suis ni turc, ni *maure* je ne crains pas la *mort*. Mon cheval *mord* son *mors*.

Pou qui nous fait horreur, de Job fut la vermine.
Pouls qu'on tâte est bien fort quand la fièvre domine.

13° Ce seigneur prit ses *serfs* avec lui, et alla à la chasse aux *cerfs*. On trouve de grands *chênes* dans cette forêt. Cet homme porte des *chaînes*. Nous avons : *si*, adverbe; *cie*, gomme de chine; *si* note de la musique; *scie* pour scier; *sis*, adjectif qualificatif et *six* article de nombre. Ce peintre se met en *colère*, parcequ'il ne peut pas *coller* ce papier. Ce professeur reste *court* quand il fait un *cours* à la *cour*.

Chœur d'église contient plus d'un enfant de *chœur*.
Cœur vaut mieux que l'esprit, parlez-moi d'un bon *cœur*.

14° Je *date* ma lettre du jour où j'ai mangé des *dattes*. Cet homme nous a *nui* pendant la *nuit* dans la ville de *Nuits*. Je vais *déceler* un secret; tu vas *desceller* un gond, tandis qu'elle ira *desseller* mon cheval. *Croit*-il que l'herbe *croît* près de la *croix?* Je *défère* cet acte à la justice. *Déferre* ce cheval, puisque son fer doit se *défaire*. Cette affaire me *dégoûte*. L'eau *dégoutte* du toit.

> *D'avantage* s'élide : ah ! j'ai peu *d'avantage*.
> *Davantage* dit plus : j'en voudrais *davantage*.

15ᵉ Voici ton *doit* et ton avoir. J'ai le *doigt* de la main coupé. Je *dois* à cet homme. J'aime les *échos* des bois ; je paie mon *écot*. Cet homme en *chair* et en *os* nous coûte *cher* ; il a mis une *enchère*, avant d'aller prêcher en *chaire*. Je *ente* cette greffe ; tu *hantes* de mauvaises sociétés. Le *fil* de cette toile est gros. Les soldats se mètent en *file*. J'ai mangé une *fois* un *foie* dans la ville de *Foix* où j'ai connu la *foi* chrétienne.

> *Fond* d'une bourse vide est d'un aspect glaçant.
> *Fonds* de terre en valeur vaut mieux que de l'argent.

16ᵉ Cet homme est *gai*, il a passé le *gué*, après avoir fait le *guet*. Ce guerrier, du département de l'*Hérault*, est un *héros*, il fut le *héraut* d'armes du Roi. Mon *hôte* est un honnête homme qui porte la *hotte* et qui a la voix *haute*. J'ai vu cette dame se *lacer* si fort, que je suis persuadé qu'elle ne tardera pas à se *lasser* de cette mode. Cet homme, tout *laid* qu'il est, a tué une *laie* qui donnait du *lait* à ses petits. Je vous laisse un *legs* à Saint-Germain-en-*Laye*.

> *L'évier* d'une cuisine est pour jeter les eaux
> *Levier*, barre de fer, soulève cent fardeaux.

17ᵉ Il faut *lier* ces deux enfants avec du *lierre*. J'ai vu à *Lyon* un *lion* d'une énorme grosseur. *Le lot* qui m'est échu en partage ne vaut pas l'*eau* qu'on boit, ni même l'*os* d'un jambon du département du *Lot*. On écrit *maître* pour celui qui commande ; *mètre*, sorte de mesure ; et *mettre*, verbe. Les émigrés nous ont coûté un *milliard*. Le *milliare* est la millième partie de l'are.

> Le *bon sang* et l'air pur prolonge notre vie.
> Le *bon sens* nous fait voir plus d'une jonglerie.

SUBSTANTIFS DONT LE GENRE PARAIT DOUTEUX.

Sont du genre masculin les substantifs suivants :

Abîme.
Abrégé.
Acabit.
Accessoire.
Acier.
Acrostiche.
Acte.
Adage.
Age.
Aide-de-camp.
Aide-de-cuisine.
Aigle (oiseau).
Ail (légume, au pl. aulx).
Alambic.
Albâtre.
Amadou.
Amalgame.
Ambe.
Amidon.
Anchois.
Ange (du ciel).
Angle.
Anis.
Antidote.
Antre.
Appel.
Aqueduc.
Arc.
Are.
Armistice.
Artifice.
Astérique.
Asthme.
Attirail.
Augure.
Aune (arbre).
Auspice.
Autel.
Balustre.
Centime.
Chanvre.
Cigarre.
Crabe.
Décombres.
Dialecte.
Echange.
Echaudé.
Echo.
Éclair.
Eloge.
Emétique.
Emplâtre.
Encrier.
Enfant (petit garçon)
Epiderme
Epi.
Episode.
Equilibre.
Equinoxe.
Espace.
Etage.
Evangile.
Eventail.
Evier.
Exemple (de vertu).
Exorde.
Hémisphère.
Holocauste.
Hospice.
Hôtel.
Indice.
Intervalle.
Isthme.
Ivoire.
Légume
Mânes
Monticule.
Œuvre (de génie).
Office (de l'église).
Ongle.
Orage
Organe.
Ouvrage.
Parallèle (entre César et Alexandre).
Paraphe.
Période (le plus haut point où l'on puisse arriver).
Pleurs.
Poêle (drap mort).
Pourpre (maladie).
Relâche (repos)

Sont du genre féminin :

Agrafe.
Aide (secours).
Aigle (t. d'armoiries)
Aire.
Alcove.
Allure.
Anagramme.
Anecdote.
Anicroche.
Anse.
Antichambre.
Argile.
Arrhes.
Artère.
Aune (mesure).
Avalanche.
Avant-scène.
Avarie.
Caution.
Courroie.
Décrottoire.
Dinde.
Ebène.
Echarde.
Eclypse.
Effigie.
Ellipse
Enclume.
Enfant (petite fille).
Epigramme.

Epithète.	Idole.	Parallèle (ligne).
Equivoque.	Immondices.	Paroi.
Exemple (d'écriture)	Nacre.	Patère.
Fibre.	Œuvre (pr. d'esprit).	Poêle (ust. de cuisine)
Hydre.	Office (de table).	Poutre.
Hypothèque.	Onglée.	Sentinelle.
Hémorragie.	Outre.	Stalle.

LOCUTIONS VICIEUSES.

Ne dites pas :	*Dites :*
On ne me voit pas à rien faire.	Sans rien faire.
Nous étions 10 à 12 dans cette réunion.	Nous étions 10 ou 12.
J'abîme ma robe, mon habit.	Je froisse mon habit, etc.
Venez à bonne heure.	Venez de bonne heure.
Cette femme a l'air hautaine, courageuse, méchante, etc.	Cette femme a l'air hautain, courageux, méchant, etc.
Vin d'Alicant.	Vin d'Alicante.
Allumez la lumière.	Allumez la chandelle.
De la bonne amadou.	De bon amadou.
Chat angola.	Chat angora.
Cet homme a des grandes angoisses.	De grandes angoisses.
Allez aux antipotes.	Allez aux antipodes.
Une arche de triomphe.	Un arc de triomphe.
Un arguillon.	Un ardillon.
Avan-hier. *prononcez :*	Avant-ier.
Apparution.	Apparition.
L'appel est faite.	L'appel est fait.
Bailler aux corneilles.	Bayer aux corneilles.
Il est en bamboches.	Il est en débauches.
Ce vin m'a fait bien du bien.	Beaucoup de bien.
Cet homme est bileux.	Cet homme est bilieux.
Je bisque, il bisque.	Je peste, il peste ou enrage.
Une bûche de bois.	Une bûche.
Il brouillasse.	Il bruine.
Le cahotement de la voiture.	Le cahot.
Caneçon	Caleçon.
Casterole.	Casserole.
Une voix de centaure.	Une voix de stentor.
Cette porcelaine est casuelle.	Est fragile.
De la castonnade.	De la cassonnade.
La fièvre célébrale.	Fièvre cérébrale.
Des cercifis.	Des salsifis.
Chipoteur, chipoteuse.	Chipotier, chipotière.
Comme de juste.	Comme de raison.
Une affaire conséquente, une ville conséquente, un marché conséquent.	Une affaire importante, une ville considérable, un marché important ou considérable.

Ne dites pas :	*Dites :*
Chaircuitier.	Charcutier.
Colidor.	Corridor.
Contrevention.	Contravention.
Corporence.	Corpulence.
Le cou de la bouteille.	Le goulot de la bouteille.
Le vent coupe la figure.	Le vent cingle la figure.
Le couvert du pot.	Le couvercle du pot.
La couverte de mon lit.	La couverture de mon lit.
Il marche à croche-pied.	Il marche à cloche-pied.
Il ne décesse de parler.	Il ne cesse de parler.
Il demande excuse.	Il fait ses excuses.
Dépêchez-vous vite.	Dépêchez-vous.
Dépersuadez-le.	Dissuadez-le.
Disparution.	Disparition.
Donnez-moi-z-en.	Donnez-m'en.
Il dort un somme.	Il fait un somme.
Il fait du mauvais sang.	Il fait de mauvais sang.
Des écailles d'œufs.	Des écales d'œufs.
Il s'est échigné.	Il s'est échiné.
Embauchoires de bottes.	Des embouchoires de bottes.
Vous m'embêtez.	Vous m'hébêtez.
En outre de cela.	Outre cela.
Il vint sur l'entrefaite.	Il vint sur les entrefaites.
Elexir.	Elixir.
Erésipèle	Erysipèle.
Esquilancie.	Esquinancie.
Il fait une maladie grave.	Il a une maladie grave.
Falbana.	Falbala.
Cet enfant est farce, il m'a fait des farces.	Ces enfant est farceur, il m'a joué des frasques.
Filagrane.	Filigramme.
A la bonne flanquette.	A la bonne franquette.
J'ai la fraingalle.	J'ai la faim-valle.
Votre père est fortuné.	Votre père est riche.
De la gomme arabique.	Du gomme arabique.
Je gargotte de froid.	Je grelotte de froid.
Noir comme un geai.	Noir comme du jais.
C'est une géanne.	C'est une géante.
Tu l'as giflé.	Tu l'as souffleté.
Il nous gouaille.	Il nous raille.
Il est de bonne guette.	Il est de bon guet.
C'est un gourmeur de vin.	C'est un gourmet de vin.
Ce ragoût sent le graillon.	Sent le roui.
Une hémoragie de sang.	Une hémorragie.
Quelle heure qu'il est?	Quelle heure est-il?
Dans ce moment-ici, ces jours-ici.	Dans ce moment-ci, ces jours-ci.
Cet enfant est impardonnable.	Cet enfant est inexcusable.
Cet enfant est pardonnable.	Cet enfant est digne de pardon.

Ne dites pas :		*Dites :*
Irruption.		Eruption.
Un jeu d'eau.		Un jet d'eau.
Il jouit d'une mauvaise santé, d'une mauvaise réputation.		On jouit d'une bonne santé, d'une bonne réputation ; mais on ne jouit pas d'une mauvaise santé Dites : il a une mauvaise santé, une mauvaise réputation.
Lanterne magie.		Lanterne magique.
Laveuse de lessive.		Une lavandière.
Levier de cuisine.		Un évier.
Las (fatigué).	*prononcez :*	Mon frère est la, ma sœur est lasse.
Serviette à linteaux.		Serviette à liteaux.
J'ai lu sur un journal		J'ai lu dans un journal.
Je lui en défie.		Je l'en défie.
La mairie.	*prononcez :*	La mai-rie, et non la mair-rie.
Je fus forcé malgré moi d'y aller.		Je fus forcé d'y aller.
Humeur massacrante.		Humeur insupportable.
Je l'ai perdu par mégard.		Je l'ai perdu par mégarde.
Matéreaux.		Matériaux.
C'est un mésentendu.		C'est un mal entendu.
Venez à midi précise, ou vers les midi.		Venez à midi précis, ou vers le midi.
Il arrive comme mars en carême.		Comme marée en carême. La marée arrive à propos pour le carême.
Sur les minuit, vers les minuit.		Sur le minuit, vers le minuit.
L'air minable.		L'air misérable.
Missipipi.		Mississipi.
Monsieur, messieurs.	*pr. :*	Mosieu, messieu.
Observez, je vous observe que vous êtes dans l'erreur.		Je vous fais observer que, etc. ....
Une forêt ombrageuse.		Une forêt ombreuse.
Oragan.		Ouragan.
Un palfermier		Un palfrenier.
Ma parafe.		Mon parafe.
Il faut pardonner ses ennemis.		Il faut pardonner à ses ennemis.
Il fait cela au parfait.		En perfection.
La pantomine.		La pantomime.
J'ai fait une pariure.		J'ai fait une gageure.
Un paroi.		Une paroi.
Cette rue est passagère.		Est passante ou fréquentée.
Emploi pécunier.		Emploi pécuniaire.
Mon papier perce		Mon papier boit.
Donnez-m'en un petit peu.		Un peu ou très-peu.
Tant pire.		Tant pis.
Pluriel.	*prononcez :*	Pluriel et non pluriez.
Cet homme est pointilleur.		Cet homme est pointillieux.

Ne dites pas :	*Dites :*
Une personne bien portante.	Une personne qui se porte bien.
Réguiser un couteau.	Aiguiser.
Rancuneur.	Rancunier.
Rébarbaratif.	Rébarbatif.
A la rebours.	Au rebours ou à rebours.
Recouvert la vue, la santé.	Recouvré la vue, la santé.
Reculez en arrière	Reculer.
Remouler un couteau.	Emouler un couteau.
Remplir un but.	Atteindre un but.
Cet enfant est réprimandable.	Est répréhensible.
Où restez-vous ?	Où demeurez-vous.
Revange.	Revanche.
Une secoupe.	Une soucoupe.
De la semouille.	Semoule.
Chemin sableux.	Chemin sablonneux.
Saigner du nez.	Dans tous les cas, il faut saigner au nez.
Si j'étais que de vous.	Si j'étais vous, ou à votre place.
Une heure de temps ou d'horloge.	Une heure.
C'est tentatif.	C'est tentant.
Tête d'oreiller.	Taie d'oreiller.
Il a perdu la tramontade.	La tramontane.
Trois-pied.	Trépied
Vaille qui vaille.	Vaille que vaille.
Plante venimeuse.	Plante vénéneuse.
Vessicatoire.	Vésicatoire.
Faire la volte.	Faire la vole.
Voyons-voir, regardez-voir.	Voyons, regardez.

EXERCICES SYNTAXIQUES.

(*Les élèves corrigeront aussi les fautes de ponctuation. Le maître les interrogera sur les* n°s 178 à 200 (1).

Mes enfants, suivez les bons exemples que vous ont donnés vos parents. Des amours insensés conduisent les jeunes gens à leur perte ; toutes les délices qu'elles semblent donner sont corrompues. Les petits

(1) Avant de faire faire ces exercices, le maître s'assurera, par de nombreuses questions, si ses élèves possèdent bien la connaissance des règles contenues dans les numéros indiqués ci-dessus ; il leur fera repasser nos principes de ponctuation qui se trouvent à la fin de ceux-ci ; et traduire nos exercices sur cette partie. Il les préviendra qu'ils trouveront, dans les exercices syntaxiques, des fautes de participes et de verbe.

savoyards marchent ordinairement nu-pieds et tête-nue. Henri IV fut assassiné à trois heures et demie du soir. Les demi-mesures sont funestes. Ces offres sont trop flatteuses pour que je les refuse. Le bel autel élevé sur ce monticule a été détruit par la tempête. Un grand nombre de personnes croient que le bonheur consiste dans les richesses. Cette pêche n'est pas mûre du côté du mur; elle est amère et sure. Ces hommes ont été les boute-feu de toutes les émeutes qu'il y a eu en 1831.

2°. Pourriez-vous me procurer une couple de perdrix semblables à celles que vous m'avez montrées? Il a tonné pendant deux heures et demie, et la pluie n'est tombée que pendant une demi-heure. Ces prunes sont sures, parce qu'elles ne sont pas encore mûres. Mettez-vous sur vos gardes, cette forêt n'est pas sûre. Je voudrais avoir dans ma cage un couple de chardonnerets pour peupler, et pour voir si ces oiseaux ont des amours constantes. L'orage que nous avons essuyé en route était bien fort; les éclairs étaient multipliés et effrayants. Cet homme, dans sa chûte, a reçu plusieurs contre-coups. Ce marchand vend des tire-bouchon et des porte-mouchettes.

3° Nous avons vu des orgues charmantes dans les églises d'Allemagne; le meilleur est celui que nous avons entendu jouer à Prague. Nous avons entendu avec plaisir ces musiciens, il y avait parmi eux des basses-tailles qui ont exécuté des concertos qui leur ont attiré des bravos. Après avoir récité plusieurs pater et plusieurs avé, je me mis à entreprendre un ouvrage important. Nos jardins produisent de bons et d'excellents légumes. L'évangile de la passion est le plus long de tous. Cette petite fille est une fort jolie enfant. Les ténèbres de l'ignorance se sont dissipées. Je vous remercie de la coupe d'oignons de tulipes que vous m'avez envoyés. Le trop de parcimonie que vous avez montré dans les diverses soirées que vous avez données vous a beaucoup nui dans l'esprit des gens que vous y avez invités.

4° J'ai l'épiderme de la main très-épais dans cet endroit. Cette enclume est fort bien faite elle est très-dure. Tous les peintres se servent d'appuie-main. De quelle espèce sont vos porte-montres? Nous avons eu tant de chagrin de nous quitter que nous avons versé l'un et l'autre des pleurs abondants. Nous avons vu passer une troupe de soldats armés de pied en cap. Jérusalem est à huit cents lieues sud de Paris. L'usage du café vint de Constantinople à Paris, vers l'an mil six cent soixante douze. La Chine a cinq cents lieues de long sur quatre cent trente de large. Cet homme vous a prêté deux mille écus. Faites-moi présent d'une marcotte de vos œillets jaune serin. Si vos eaux-de-vie sont bonnes, apportez-m'en une couple de bouteilles.

5° Ces légumes sont excellents quand ils sont bien cuits. Ernest a cassé trois pots à fleurs. Sans avoir beaucoup de corpulence, cette personne est bien proportionnée pour sa taille. Quand ces fraises seront mûres nous les cueillerons. Nous sommes séparés l'un de l'autre par un intervalle de trois lieues et demie. Les demi-mesures ne sont pas toujours bonnes. Cette réponse est d'un bon augure. Cet homme fait continuellement des coq-à-l'âne. J'ai loué à l'église une jolie stalle pour mon fils. Ce village est à six milles de la ville. Ce corps d'armée est composé de vingt cinq mille hommes. Mon père est mort à quatre-vingts ans, et le tien à quatre-vingt cinq. J'ai donné à mon fils deux mille cinq cents francs en mariage, et toi, tu as donné à ta fille quatre mille six cent cinquante francs.

6° Chaque fois que je vais au bain je suis sûr de vous y rencontrer. Cette oseille est très-sure. La nacre de cette boîte à cure-dents est fort-brillante. Un coup de chasse-mouches a coûté cher au dey d'Alger. J'ai vu cet acteur dans divers opéras; je l'ai entendu avec plaisir dans différents duos et trios. Vous avez à vos rideaux de grandes patères de bronze qui font un charmant effet. Les coffres-forts doivent être construits solidement dans la crainte des voleurs. Voilà des poires d'un bon acabit; je pense que ce sont des messire-jean. Vous ne vendrez pas cette propriété deux cent quatre-vingt dix mille francs. Bonaparte a fait plusieurs vice-Rois, et leur a donné des vice-royautés. Cette troupe de brigands s'est répandue dans nos campagnes.

7e L'apologue que nous avons entendu lire ce matin vous a-t-il plu? Le porc-épics est un animal de l'espèce des hérissons. Nous devons honorer les mânes glorieux de ce héros. Pourquoi a-t-on placé une sentinelle à votre porte? Le médecin m'a ordonné de prendre pour mon rhume de la réglisse anisée. Athènes présente encore de beaux décombres. La multitude de [illegible]rieux que nous avons rencontrée s'est réunie da[illegible]es lieux où se trouvaient une multitude de jeux qu[illegible]n avait établis pour y attirer la foule. Votre mère est très-bonne, c'est dommage qu'elle ait l'air si froid et si réservé. Souvent les délices que procure la fortune sont fausses et mensongères. Feu ma grand-mère disait souvent qu'on doit toujours tenir à la parole qu'on a donnée. Ma feue mère était très-spirituelle.

8e J'ai l'ouïe tellement fine qu'on ne peut rien dire sans que je l'entende. Quand la maladie arriva à son dernier période, la lune venait de terminer sa période. Les mendiants vont nu-pieds, et les flatteurs nu-tête. Cet homme a passé sa vie dans les corps-de-garde. Une couple de bœufs sont suffisants pour traîner une charrue. De bons pistolets sont d'excellents porte-respect. D'épaisses ténèbres obscurcissaient la voûte des cieux. Les chats-huants et les loups-cerviers habitent les forêts. Cette horloge sonne les heures, les demies, et les quarts. On ne voit goutte dans cette alcove; elle est noire comme une cheminée. Cette assemblée de savants s'est réunie pour décider une grande question. Un peuple de guerriers enfante des héros. Une multitude d'hommes se sont réunis chez vous.

(*Interrogez les élèves sur les* nos 201 à 230.)

9e Ces voyageurs ont parcouru l'ancien et le (1) nouveau monde. Mon père et ma mère m'ont élevé dans la religion catholique; c'est pourquoi je veux et désire y vivre et y mourir chrétiennement, ainsi que mes frères et mes sœurs. Voilà un beau jardin, j'en admire les allées. Ce négociant vous a expédié deux cents mètres de drap, et à moi, six cent quatre-vingts mètres de cotonnade. Remettez ces paquets chacun à sa place. Chacun de vous, messieurs, me répond de cet homme. Nul homme ne doit servir deux maîtres à la fois. Les hommes, les monuments, les villes même sont frappés par la faulx du temps. Les formules d'administration outrée nuisent aux ouvrages mêmes qu'on loue. Madame êtes-vous maîtresse de pension? Oui, je le suis. Êtes-vous la maîtresse de pension de ma fille? Oui, je la suis.

10e Les plaisirs des sens ne peuvent donner qu'une trompeuse et fausse félicité. Nous avons vu dans votre société des hommes instruits et des ignorants. Ceux que j'ai vus le plus frappés de la lecture des Homère, des Virgile, des Horace et des Cicéron sont des esprits du premier ordre. Mon brave et digne ami a tout fait pour moi. Ces femmes portent leur coiffure très-haut; c'est ce qui les fait marcher droit. Cette maison est bien bâtie, la façade surtout en est construite avec goût. Je crains de devenir pulmonique tant j'ai de mal à la poitrine. Quelques grands

---

(1) Les articles déterminatifs et les possessifs se répètent avant chaque substantif, et avant les adjectifs qui ne qualifient pas un seul et même substantif. Dites : j'étudie *la* langue grecque et *la* latine ; *l'*histoire ancienne et *la* moderne ; et non pas : j'étudie *les langues* grecques et latines. Une langue ne peut être à la fois grecque et latine Mais dites : *Le bon et naïf La Fontaine;* car ici il ne s'agit que d'un seul La Fontaine, tout à la fois bon et naïf. Si vous disiez *le* bon et *le* naïf La Fontaine, on pourrait croire que vous parlez de deux La Fontaine, dont *un bon* et un *naïf*.

biens que vous possédiez, vous ne serez jamais aussi riche que moi. Quelque adroits que vous soyez tous les deux, vous ne m'en imposerez pas; quels que soient vos désirs de me tromper.

11e Quelques éloges qu'on ait décernés à la plupart des conquérants, ils ont été les ennemis du genre humain; quelque célèbres qu'ils soient, quelques victoires qu'ils aient remportées, quels que soient leurs talents militaires, quelle que soit leur volonté de faire le bien, ils ont toujours fait le mal. Vos demoiselles, toutes jolies qu'elles sont, tout agréables qu'elles paraissent, sont cependant loin d'être aimables. Vit-on jamais une femme plus infortunée que je le suis? Les Arabes, les sauvages même ne seraient pas capables d'une action si barbare. Ce jeune homme déclame avec une chaleur, un sentiment étonnant. Il y a des personnes qui dorment la bouche et les yeux ouverts. Nous paierons, à la nature, le tribut que tous les hommes paieront, chacun à son tour.

12e Mettez dans tout ce que vous faites une grâce et un goût charmants. Vous rappelez-vous cette dame qui avait les cheveux châtain-clair, et une robe bleu-foncé? Danaüs, ayant appris de l'oracle qu'il serait tué par ses gendres, exigea de ses filles qu'elles massacrassent, chacune, leur mari; toutes, en effet, poignadèrent, chacune, leur époux. Cette pièce n'a pas réussi; on a trouvé que le style en est trop simple et que l'intrigue ne l'est pas assez. Mon père et ma mère, mon oncle et ma tante m'ont appris l'ancien et le nouveau testament. Certaines gens, qui se disent dévots, sont néanmoins tellement pressés de sortir de l'église, qu'ils quittent souvent avant que le dernier évangile soit dit. Les femmes grèques et les romaines se brunissaient les yeux comme les femmes de l'orient.

13e Parmi les peines et les afflictions de cette vie, il y en a peu dont on ne puisse se consoler, si nous portons nos regards vers le ciel. Aux yeux de l'envie, la réputation le mieux établie n'est qu'une erreur publique. Nous avons passé toute la nuit à réfléchir sur notre nouvelle position; et lorsque le lendemain nos enfants sont entrés dans notre appartement, ils ont été tout étonnés de nous trouver tout habillés. Les femmes, quelque vertueuses qu'elles soient; quelque confiance qu'elles aient dans leurs forces; quels que soient leur piété, leur fortune et leur rang, doivent craindre les artifices de la séduction. Quelque chose que vous m'ayez dite, je ne l'ai point entendue. Je vous ai pourtant dit quelque chose de fort amusant.

14e Ces jeunes gens sont arrivés tout abattus, tout harassés des chaleurs qu'il a fait dans la journée. Notre père exige que nous partions aujourd'hui; ce n'est pas moi qui me ferai prier pour lui obéir. Sache donc, mon fils, que c'est toi qui es le seul élève qui m'ait donné quelque satisfaction; tu sais aussi que c'est moi qui m'intéresse le plus à ton instruction. Chacun de vous, Messieurs, me répond de la vie de cet homme. Remettez ces paquets, chacun à sa place. Chacun de ces messieurs veut avoir raison, avant qu'ils aient donné, chacun, leur avis. Je vais vous donner une chose dont j'ai besoin. Je connais une personne qui n'est point estimée des gens sensés. Quelques trésors que nous possédions, quelque puissants que nous soyons; quelle que soit notre autorité dans le monde, nos désirs ne seront jamais satisfaits.

15e Tout enfant, gâté par ses parents, sera, dans la suite, le fléau de la société, et le tourment de ceux-mêmes qui lui ont donné le jour. Quelques soldats de l'armée ennemie sont venus se promener dans notre ville; nos jeunes et nos vieux officiers les ont très-bien accueillis. L'amour-propre n'est pas un guide auquel nous puissions nous confier. Vous raisonnez comme un homme qui connaît tout. C'est donc vous qui avez chanté à notre réunion, et qui avez si bien dansé. C'était vous aussi sans doute qui vous intéressiez à ma sœur et qui vous occupiez si généreusement de la bien placer. En traduisant cet auteur, on a omis des citations, des passages même tout entiers. Les passages que vous avez trouvés faibles, sont les passages mêmes que j'ai condamnés.

16. Conduisez-vous de manière que nous n'ayons aucun reproche à vous faire. Je les ai condamnés à copier, chacun, leur thême cinq fois. Ces estampes sont jolies, elles m'ont coûté deux cents francs chacune. Dites-leur de se présenter, chacun à son tour, et d'apporter, chacun, leur devoir. Fut-il au monde une femme plus respectée, plus environnée d'égards que je le suis? Ne compte pas sur tes parents, mon fils, disait une veuve à son enfant; il n'y a que moi qui m'occupe de ton bonheur et qui m'attache sérieusement à ton éducation. C'est donc toi, mon fils, qui sus te faire aimer de tes maîtres, et qui remportas le prix de vertu. C'est à vous, mes amis, que je m'adresse pour savoir à qui appartient le cheval sur lequel ma fille était montée.

17e. Madame sera-t-elle présentée à la Reine? non, je ne le serai pas. Cette maison est très-spacieuse, et rien n'en approche pour l'élégance des bâtiments. Oui, mes camarades, c'est moi qui osai réclamer pour vous, qui sus faire écouter vos plaintes; mais gardez-en le secret: car si on le savait, je serais puni. Il n'y a donc que toi seul, mon véritable ami, qui t'intéresses à notre malheur, qui saches nous apprécier et qui oses tout pour des amis malheureux. Ernest est gai et Pauline est triste, celle-ci pleure toujours; et celui-là rit sans cesse. On ne peut être plus insensée que ta sœur; si on lui parle elle répond toujours légèrement. Mes amis, si l'on vous demande où nous sommes; ayez soin de dire que vous ne savez pas où l'on nous a conduits.

18e Tout injurieuses, tout offensantes que sont vos paroles, je n'y fais aucune attention. Personne n'est étonné de ce qu'a fait cet enfant, pas une personne n'en est surprise. De quelques vertus que fût doué Vespasien, quelques brillantes qualités qu'il ait possédées; quels que fussent la tendresse et le respect du peuple à son égard, Titus, son fils, fut plus vertueux et plus populaire encore. Vous vous êtes écarté de votre chemin, me dit-on, Eh! bien! puisque me voilà dans cette route, répondis-je, je la suivrai. Cet homme m'a arraché l'habit, et m'a fait une cicatrice au bras. Chercher des vérités morales, quand on en peut trouver; c'est, quoiqu'on en dise, courir après les erreurs. C'est votre frère et votre sœur que j'ai rencontrés ce matin; ce sont vos enfants que j'ai conduits en pension.

19e Ce n'est pas moi, monsieur, qui vous ai écrit cette lettre, et qui vous ai insulté. C'est toi, mon frère, qui as manqué à ton ami et qui lui as fait des reproches qu'il ne méritait pas. Est-ce nous qui vous ennuyions, et qui vous avons tourmenté? C'est vous, Ernest et Julie, vous-mêmes qui vous apercevez de vos erreurs et qui les abjurez. Puisque cet enfant a mérité une punition, il la recevra. Ce sont les aigles romaines qui ont soumis le monde. Fuyez les curieux ce sont à coup sûr des indiscrets. C'était nous qui étions appelés à ce nouvel emploi, mais ce fut vous, messieurs, par vos sollicitations, qui y fûtes nommés à notre place. C'est la justice et la bonté de la Reine qui l'ont rendue digne de la régence.

20e Quelles qu'aient été la justice et la vertu d'Aristide, on ne peut dire que sa vie soit sans tache; quelques belles qualités qu'il ait possédées. C'est donc toi, mon cher Ernest, qui t'es montré ingrat envers ton bienfaiteur, et qui m'as abreuvé de dégouts? C'est vous, hypocrites, qui prêchez la vertu, et c'est vous qui la pratiquez le moins. Vous êtes sans doute marchande? oui, je le suis. Vous êtes la marchande que j'ai fait demander? oui, je la suis. Je suis l'homme qui vous a fait le plus de bien; et vous, vous êtes l'homme qui m'a fait le plus de mal. La totalité des pays de l'Afrique n'a pas encore été explorée. La multitude des canaux qui coupent la Hollande sert a transporter les denrées.

(*Avant de faire faire les exercices suivants, interrogez les élèves sur les* n°ˢ 231 à 266.)

21ᵉ Le repos, la tranquillité est ordinairement le partage de l'homme qui méprise les richesses. J'ai entendu ce discours qui est écrit sur la bonne et la mauvaise conduite et y ai vivement applaudi. Que la condition des hommes est bien misérable, puisqu'ils ne savent pas s'estimer les uns les autres. Ce prince, qui était en guerre depuis long-temps, employa tous les moyens possibles pour terminer cette guerre. Cet ouvrage ne ressemble pas à ceux que cet auteur a publiés. Aristipe croyait que la pauvreté vaut mieux que l'ignorance; parce que celle-là n'est qu'une privation des richesses, au lieu que celle-ci est une privation d'entendement.

22ᵉ On dit qu'Aristipe s'endormait quelquefois, tenant dans la main une boule de cuivre au-dessus d'un bassin; afin qu'en tombant dans le bassin, elle le réveillât. Il disait qu'il n'y a que l'étude et la sagesse qui puissent éclairer l'âme. J'aime les enfants, et je leur pardonne volontiers leurs fautes, lorsqu'ils paraissent vouloir s'en corriger. Ce magistrat est malheureux, son rang, sa dignité, son élévation fut compromise dans cette affaire. Ceux qui sont rebelles à leurs parents et avides de leur sang, sont nuisibles à la société et indignes de voir le jour. Les douaniers sont sortis ce matin vers le lever de l'aurore; ils ont aperçu une bande de contrebandiers; ils les ont poursuivis, et n'ont point tardé à les attrapper.

23ᵉ Le sel et le sucre se dissolvent dans l'eau et s'y résolvent. Ces hommes se revêtent du manteau de l'hypocrisie. Cette eau ne bout pas, mais elle bouillira bientôt. Vous vouliez que je conclusse avec vous un arrangement qui répugnait à ma délicatesse. Sont-ce là les livres dont vous m'avez parlé? oui, ce les sont. Ma mère et moi, nous désirons de nous lier avec vous. J'étais au moment d'aller me coucher, lorsque vous êtes arrivé, et je fus me promener avec vous. Je vous ai dit que la vertu n'est pas une vaine chimère. La vivacité ou la langueur des yeux est un des principaux caractères de la physionomie. J'ai pu désirer que vous vous occupassiez de cette affaire; mais maintenant je renonce aux offres obligeantes que vous m'avez faites. Le temps, ainsi que les circonstances, me fait présager que vous manquerez à votre parole.

24e Sont-ce là les devoirs que je vous ai donnés à faire? oui, ce les sont. Je sais qu'il a demandé cette faveur; mais je doute qu'on la lui accorde. J'ai appris cette semaine que votre frère est mort d'une fièvre cérébrale. Est-ce vous ou votre ami qui avez rédigé cette demande? non, c'est mon frère et moi qui l'avons faite. Il n'est pas de sacrifice que je ne fusse disposé à faire, s'il dépendait de moi de vous rendre la santé. J'ignorais que vous fussiez venu hier dans l'intention de me voir. Hérophile, philosophe grec, ainsi que Descartes place l'âme dans le centre du cerveau. L'armée à laquelle on avait donné l'ordre de passer le Appennins, vient de recevoir celui de se transporter dans les Pyrénées. Le siége d'Azoth dura vingt-neuf ans : c'est le plus long siége dont il soit question dans l'histoire ancienne.

25e Ce prince a monté bien jeune sur le trône de ses aïeux; il est descendu dans la tombe avant qu'il ait eu le temps de mettre à exécution les projets qu'il avait conçus. De quoi avez-vous déjeuné ce matin? de café au lait. Pardonnez, ma sœur, à ces pauvres enfants; car ils sont repentants de vous avoir offensée. Quels sont ces enfants? c'est mon fils et ma fille. Ce sont donc eux qui sont venus me voir hier? Non, c'étaient mes deux fils aînés. Cet ouvrage est excellent, il l'emporte sur tous ceux qui ont été composés dans ce genre. Les nations les plus raisonnables ne sont pas assurément celles qui raisonnent le mieux sur leurs devoirs : ce sont celles qui ont coutume de les pratiquer le mieux. Ce mal est bien allarmant, il semble qu'on ne puisse pas y remédier. La faute la plus légère, une pensée même peut nous rendre coupables.

26e Pythagore gravait les principes de la pudeur et de la piété dans les âmes, et voulait qu'on tînt un milieu entre la joie excessive et la tristesse; que l'on cultivât sa mémoire, qu'on ne dît et ne fît rien dans la colère; qu'on aimât à chanter les louanges de Dieu et des grands hommes. La Motte disait que la jalousie est un hommage mal-à-droit que l'infériorité rend au mérite. D'épaisses ténèbres couvraient la terre; mille tonnerres se fesaient entendre; il semblait que les éléments confondus se fissent une guerre effroyable, et que toute la nature se replongeât dans le cahos. La calomnie s'établit sans peine; le temps en découvre la fausseté. Il était nécessaire, dit-elle, qu'il vainquît ou qu'il mourût. Si l'on dit que le soleil paraît tourner autour de la terre; c'est une fausse apparence : c'est nous, au contraire, qui tournons autour de lui.

27e C'est un travail constant, une application soutenue qui seule, peut applanir les difficultés de la langue française. J'ai préparé d'avance ma sœur à cette nouvelle, afin qu'elle ne soit pas surprise lorsqu'elle l'apprendra. J'ai été informé par la carte que vous avez laissée chez mon portier, de la peine que vous avez prise de passer chez moi. J'ai défendu qu'on vînt me troubler, pendant que je travaillerais. On voit beaucoup de personnes aimer la vie et n'en pas jouir. Nous devons chérir les bons maîtres et leur obéir. Cet officier est propre au métier de la guerre et en est content. Il semble qu'on apprène d'un maître en écoutant ses leçons, et qu'on s'instruise par soi-même, en fesant des recherches.

28e Une foule de curieux étaient arrêtés devant ma porte. Vous êtes le meilleur enfant qu'il soit possible de trouver. Votre ami et moi, nous suivons la même carrière. Croyez-vous que je m'avançasse aussi loin, si je n'étais certain de réussir? Votre ami est encore loin de recouvrer la santé. Il me tardait que vous fussiez arrivé, pour que je vous fisse part d'un projet que j'ai conçu. L'homme, comme tous les animaux, a la même origine. Ces propriétés sont attenantes aux miennes, et en sont dépendantes. Il est difficile de comprendre comment ces enfants étaient dociles à leurs devoirs, et en étaient contents, puisqu'ils sont nés avec de mauvaises dispositions, et qu'ils sont enclins au libertinage. Il engage les révoltés à rester tranquilles, leur assurant qu'ils n'avaient rien à craindre.

29° Dès la première fois que j'ai vu ce jeune homme, son aménité, sa douceur m'a charmé. J'ai à vous faire part d'une bonne nouvelle; mais pour l'apprendre, il faudrait que vous vinssiez me voir comme vous me l'avez promis ce mois-ci, et que vous restassiez quelques jours chez moi. Votre père et votre mère m'ont écrit que vous êtes à Paris, je suis bien aise de vous y voir. Votre âme a-t-elle perdu ce courage, cette énergie qui l'animait autrefois? Au lieu de chercher à réparer par l'étude, le temps que votre négligence vous a fait perdre, vous continuez à aller de mal en pis. Il semble que pour battre, il faille redoubler les coups, et que pour frapper il suffise d'en donner un. Les personnes qui n'ont peur de rien, sont les seules qui fassent honneur à notre espèce. Je doute que les vins de Falerne aient été plus renommés que ceux de Champagne et de Bourgogne.

30° Tout affreuses, tout horribles, toutes révoltantes que furent les cruautés de Tibère, elles n'égalèrent pas celles de Néron. Quelque cachés que soient vos crimes, quels que soient les soins et les peines que vous vous donniez pour les faire disparaître, ils ne peuvent échapper à l'œil de la justice éternelle. L'homme sage implore la providence et en attend tout son bonheur. Cet élève a mal parlé à son maître et lui a désobéi. Ernest est chéri de ses parents et leur est agréable. Je ne doutais pas que vous ne vinssiez à bout de cette entreprise; seulement j'aurais désiré que vous y missiez un peu plus de zèle; j'ai passé ce matin chez mon notaire, je l'ai trouvé à son étude et il m'a remis les pièces que tu lui demandas hier.

31e Un soir du mois dernier, je fus me promener aux Tuileries, j'y rencontrai un homme qui me pria de tenir son fils sur les fonds de baptême. L'étude de la langue grèque et celle de la langue latine présente à peu près les mêmes difficultés. Si ce ne sont point eux qui ont causé ce dégât, ne seraient-ce pas ces méchants enfants? Vous êtes le seul ami en qui j'aie de la confiance. Vous êtes si bon qu'il n'y a personne qui ne voulût vous ressembler. Faut-il qu'il feigne de vous connaître et qu'il vous voie maltraité! Cet enfant est bien le plus insupportable que j'aie connu de ma vie. Ce sont à ces sœurs hospitalières que nous devons notre santé. Vous pouviez repousser la force par la force; car, après tout, les lois permettent de s'opposer à la violence et de la repousser, quelles que fussent les personnes qui nous attaquassent.

32e Epicure nous a appris que le bonheur de l'homme est dans la jouissance, et que la jouissance consiste dans la vertu. Je me rappèle, madame, vous avoir entendue raconter cet évènement qui a eu des suites si funestes. Je suis charmé de la vue de votre maison et me plaîs à voir les beaux sites qui l'environnent; il me semble que rien n'est plus propre à inspirer la muse pastorale. J'avais à supporter tout le poids du travail : il fallait que j'allasse et que je vinsse pour vaquer aux soins du ménage. Quelques grandes victoires qu'ait remportées Bonaparte, quelques lauriers qu'il ait cueillis; quelque brillants qu'aient été ses succès, quelques nations qu'il ait soumises, il n'a pu éviter de mourir prisonnier sur un aride rocher. Toute fière, tout altière qu'était avec les grands, Elisabeth d'Angleterre, elle était tout autre avec les simples particuliers. Tout spirituels, tout parfaits que sont les sages, ils ont encore bien des défauts.

33e La plus grande injure que l'on puisse faire à un honnête homme, c'est de se défier de sa probité. Il n'est point de dispute qui ne doive se terminer par une réplique de part et d'autre. Sa droiture, son honnêteté, le fait rechercher de tout le monde. La force du corps, comme celle de l'esprit, disparaît dans les maladies graves. Faites-lui cette opération bien vite, de peur qu'il ne meure. Le commerce auquel vous vous appliquez, et la profession à laquelle vous vous dévouez, sont honorables. C'est toi, Ernest, qui te trompes et qui t'amuses à de vaines recherches. Ce sera vous, mes enfants, qui vous assiérez sur ce banc de gazon et qui y jouerez. Votre sœur est tout émue; elle est toute honteuse de sa conduite. Quelle que puisse être la faute qu'il ait faite, on la lui pardonnera.

34e J'ai négligé mes devoirs cette semaine; mais je les soignai très-bien la semaine dernière. Ton ami m'écrivit la semaine passée, et je lui ai répondu cette semaine; je doute que tu aies raison de le faire venir à Paris. Nous tremblons que ton père n'ait tort dans cette affaire, et qu'il ne croie avoir raison. Doutes-tu que ton avocat n'écrive mieux que moi, et qu'il ne comprène pas aussi bien ton affaire que je la comprends? Il était nécessaire que je fisse ces emplètes et que je retournasse sur-le-champ à la maison. Ma fille est portée à la lecture et en est avide. Nous sommes tous amis de l'étude et nous y sommes accoutumés. Il fallait que la sottise ou la méchanceté le perdît. Ces enfants sont sortis de peur qu'on ne les enfermât.

35e Sensibles aux charmes de l'éloquence, les anciens ne pouvaient se persuader que la rhétorique fût une invention humaine; ils la regardaient comme le plus riche présent qu'ils eussent pu recevoir des Dieux. Telles sont l'inconstance et la faiblesse des hommes; ils se promettent tout d'eux-mêmes, et ils ne résistent à rien. La quantité de perdrix que nous avons aperçues était si grande, que nous en avons tué sept d'un coup de fusil. Vous ne sauriez vous faire une idée de la foule d'attentions qu'il a eues pour moi. La grâce, la bonté préside à toutes ses actions. Il a fallu que vous vous fussiez donné beaucoup de peines pour avoir terminé cet ouvrage en si peu de temps. Boileau a dit que, ce que l'on conçoit bien s'énonce clairement.

36e Si l'on était dans ce pays, et qu'on y fût bien établi, on réussirait. Craindriez-vous que cet homme vînt vous troubler ici et qu'il ne vous attaquât? Ce qui me plaît le plus en elle, c'est cette douceur, cette modestie qui vous charme. Nierez-vous maintenant que je sois plus sage que vous? Croyez aux mystères sublimes de notre sainte religion, et parlez-en avec une sainte vénération. Puisqu'il faut que ce travail soit terminé avant trois jours, peut-être vaudrait-il mieux que vous le commençassiez d'avance. Il n'y a que moi qui sois le maître ici. Penses-tu qu'il n'y a que toi qui te sois trompé? J'ignorais que vous eussiez sorti; mais je n'ignore pas que vous ayez passé votre temps à rien faire. Un bon roi, comme un bon père de famille, semble né pour le bonheur du genre humain; amis, parents, sujets, courtisans, tout le monde les adore l'un et l'autre.

37e Êtes-vous encore ce studieux et docile élève qui ne songeait qu'à contenter ses maîtres? Je regrète que vous ne vous soyez pas trouvé à cette soirée. Ce ne sont point là les faveurs que vous aviez promis de me faire obtenir. Nous ne nous sommes trouvés que deux qui ayons été du même avis dans cette affaire; en ce cas, vous êtes les deux personnes qui m'avaient donné le meilleur conseil. Il ne s'en est guère fallu que le ministre ne m'ait renvoyé sans me donner mes passeports. Il est à craindre que le choléra-morbus ne parcoure toutes nos belles et riches contrées. Ces deux caisses avaient été expédiées assez tôt, pour qu'elles arrivassent à l'époque désignée. O, mon cher Hippias, c'est moi seul, moi, impitoyable, qui t'ai donné la mort! Moi, qui t'ai appris à la mépriser! O cher enfant! que j'ai nourri, et qui m'as coûté tant de soins.

(*Avant de faire faire les exercices suivants, interrogez les élèves sur les* nos 267 à 287.)

38e Ces jeunes enfants sont ordinairement amateurs du changement et y sont portés. Ce mur paraît menacer ruine; il est près de s'écrouler, si l'on ne prend les moyens nécessaires pour lui donner plus de solidité. Ernest et sa sœur se sont promenés tous deux au Luxembourg en se donnant le bras. C'est ici que nous nous sommes vus pour la première fois. Avant d'avoir lu ce livre, je ne m'étais pas fait une juste idée de l'astronomie; maintenant je crois la connaître. Chaque fois que je veux parler à cet homme, je suis tout-à-coup intimidé par son air rébarbatif. Vous avez plus de fortune que moi. Promenez-vous autour du parc. Il était assis sur son trône et ses fils à l'entour. C'est chez vous que je danserai pour la dernière fois de ma vie.

39e Quand Métellus reçut la permission de revenir à Rome, on vit sa raison près de l'abandonner. Restez autour de nous et ne nous quittez pas. Ne partez pas avant votre ami, puisque vous voulez passer au travers de la forêt. Qu'avez-vous donc, mon enfant, vous paraissez prêt à pleurer? Ces deux plates-bandes forment deux losanges, qui, placées vis-à-vis l'une de l'autre, produisent un charmant effet. Quoique notre siècle soit généralement observateur, il y a néanmoins des choses sur lesquelles il n'a pas encore porté ses observations. Mes enfants, mettez-vous tout de suite au travail, mais songez donc que nous avons déjà travaillé trois heures de suite. Par son courage et son énergie, il a triomphé de tous les obstacles.

40e Nous devons plaindre les imbéciles plutôt que de nous en moquer. C'est de cette maison que partent les voitures de l'administration. C'est ici que Voltaire s'explique sans détour; il veut que, sans aucune exception, l'on puisse peindre chaque métaphore. Il faut d'abord pardonner à ses ennemis, en second lieu faire du bien autant qu'il est possible. Ma sœur était dans l'âge où l'on n'est plus jolie; mais où l'on est encore belle. Penser avec liberté, sentir avec délicatesse, agir avec courage, c'est le partage de l'homme vraiment vertueux. Taillez cet espalier et donnez-y la forme qui vous paraîtra le plus convenable. Messieurs, il en est quelques-uns parmi vous qui sont inexcusables.

41° Votre père m'a assuré que vous viendrez plus tôt que je ne le pensais. Quoiqu'on en dise, le mérite sert toujours à quelque chose. Je n'ai point sorti aujourd'hui, parce que j'ai eu beaucoup d'affaires. Nous étions dans le parc lorsque des voleurs rôdaient à l'entour. Si vous partez, venez me voir auparavant. Oui, Monsieur, j'espère aller vous voir avant de partir. J'ai, près de ma cuisine, une office spacieuse où sont renfermées toutes mes provisions de table. Nous sommes arrivés à l'endroit où l'histoire est le plus intéressante. Cette rose est tout aussi belle que si l'on venait de la cueillir. Il faut donc que l'on conviène que vous êtes arrivé avant moi dans ce pays. C'est à Marseille que je vais, et c'est à Lyon que je dois fixer mon domicile.

42° Je crois que vous demeurez maintenant près des Tuileries. Regardez comme il y a de la poussière autour de ces meubles. J'ai entendu, au travers de la porte, toute la conversation que vous avez eue avec mon père. J'ai long-temps poursuivi ce lièvre à travers les champs. Je vous ai vu à l'opéra, nous étions tout yeux et tout oreilles. Voulez-vous me tailler la plume avec laquelle je dois faire ma dictée? Tel est le motif pour lequel je suis venu. Quoi que vous en disiez, cet enfant est fort instruit. Un soldat doit toujours être prêt à obéir aux ordres de ses chefs à l'égard desquels il doit être respectueux. Rome, près de succomber, se soutint, durant ses malheurs, par la sagesse du sénat.

RÉCAPITULATION SUR LES EXERCICES SYNTAXIQUES.

PREMIER EXERCICE. On sait que les astres ont leurs périodes réglées; la lune, dit-on, fait sa période en vingt-neuf jours et demi. Bourdaloue était un foudre d'éloquence, et Condé, un foudre de guerre. Les égards et la politesse convenus exigent que nous prétions la plus grande attention à ce qu'on nous dit. Cette liqueur est destinée pour être servie après celle qui a été apportée ce matin. Il faut que les enfants obéissent tout de suite. Une grande naissance annonce le mérite et le fait plus tôt remarquer. Il y a des livres qu'il faut lire de suite; sans quoi ils ennuient; ce sont les ouvrages de circonstance. Plutôt souffrir que de mourir. Avant Louis XIV, la France, presque sans vaisseaux, tenait en vain aux deux mers. Les délicats sont malheureux; rien ne saurait les satisfaire.

2e Autour des mauvais rois, voltigent les cruels soupçons, les vaines alarmes. C'est dans la solitude que l'homme de génie est ce qu'il doit être; c'est là qu'il rassemble toutes les forces de son âme. La fille du Roi, laquelle était venue se baigner au bord du Nil, aperçut une petite natte de jonc qui renfermait un jeune enfant. Je ne vous donnerai point de conseils qui puissent vous attrister. J'ai vu le mari de votre sœur lequel doit occuper un des plus importants emplois dans cette administration. Je suis allé voir ma sœur, je l'ai trouvée toute malade tout affligée, tout inconsolable de la perte de son époux. Ernest, quelles que soient les compagnies que tu fréquentes, quelques brillants discours qu'on y tiène, quelque spirituels que soient ces discours, pense toujours que l'homme est sujet à l'erreur.

3e Ces sottes gens sont parvenus aux derniers périodes du bonheur. Gardez-vous bien d'avancer quelque chose qui ne puisse être prouvé. L'astronomie est une des sciences qui fait le plus d'honneur à l'esprit humain. Turenne et Montécuculli s'opposaient l'un à l'autre la patience, la ruse et l'activité. L'histoire de Charles XII, roi de Suède, est toute remplie de faits merveilleux, elle a été tout embellie par l'auteur. Les Racine, les Boileau, les Voltaire, furent de grands poètes; ils s'estimaient l'un l'autre. Cicéron a des morceaux sublimes; d'une élévation, d'une force soutenue. Son aménité, sa douceur nous charme. La pièce qui est le moins sifflée, n'est pas toujours la meilleure. Il faut faire placer ici des abat-jour. Ces remèdes sont des contre-poison. On voit peu de cerfs-volants dans la plaine. Nous nous perdons les uns les autres.

4° César et Pompée avaient, chacun, leur mérite; mais c'était des mérites différents. On offense un brave homme alors qu'on l'abuse. Le vainqueur et le vaincu se sont retirés, chacun dans sa ville. Les grands et vastes projets, joints à la prompte et sage exécution font le grand et sublime ministère. Il n'est donc que toi, dans ce pays, qui t'intéresses à mon sort, et qui t'occupes de mon bonheur. Ce n'est pas tant la pompe et la majesté qui font les rois, que la grande et suprême vertu. Ce sont les peuples qui perpétuent de siècle en siècle la mémoire des bons princes. Seraient-ce là les mêmes hommes que nous avons vus ramper autrefois? Ce qui paraît le plus louable aux yeux de Dieu, c'est la vertu malheureuse.

...... Il n'est point d'âme livrée au vice,
Où l'on ne trouve encore des traces de justice.

5° Bien parler des absents, ne railler personne, ne dire rien contre la vérité, sont trois choses extrêmement rares. Les Romains n'ont vaincu les Grecs que par les Grecs mêmes. La sagesse, la vertu même, doivent avoir des bornes. La multiplicité de grammaires donne souvent lieu à des cacophonies. La science humaine, quelle qu'elle soit, n'est rien en comparaison de celle de Dieu; car celle-ci est toute sainte, tout aimable, tout impénétrable, toute sage. Quels que soient vos sentiments pour mon frère, quelqu'innocents qu'ils vous paraissent, je ne puis les approuver.

Les hommes médisants n'épargnent pas même leurs amis. Ceux qui se plaignent de la fortune, n'ont souvent à se plaindre que d'eux-mêmes.

> Et ne voyiez-vous pas dans mes emportements,
> Que mon cœur démentait ma bouche à tout moment.

6°. Pourquoi niiez-vous cette vérité dans la dernière lettre que que vous m'écrivîtes? Donnez-moi la version que vous avez faite ce matin; je vous rendrai les exercices français que vous m'avez donnés à corriger. Il est une remarque qu'ont pu faire bien des gens; pour moi qui l'ai faite, j'en ai reconnu la vérité : c'est que la journée est pluvieuse, ou doit le devenir, quand les hirondelles volent bas dès le matin. Quelle honte, lorsque ceux qui sont établis pour régler les passions de la multitude, devienent eux-mêmes les vils jouets de leurs propres passions. Les grands se plaisent souvent dans l'excès, et les petits aiment la modération : ceux-là ont le goût de dominer et de commander; et ceux-ci sentent du plaisir à les servir et à leur obéir. Molière n'a pas prétendu se moquer de la science; il n'en a joué que l'abus et l'affectation. Ces élèves, après avoir répété, chacun, leur fable, se sont retirés, chacun dans sa chambre.

7°. Respectons toujours la vérité à laquelle nous devons les plus grands égards. Les mathématiques sont très-nécessaires, j'y donnerai tous mes soins. Cet ouvrage, dont vous avez entendu la lecture, ne me semble pas déparer les ouvrages précédents du même auteur. Rendre l'accès du trône facile aux sujets, c'est en augmenter l'éclat et la majesté. Tous les habiles gens sont toujours recherchés. Madame a l'air trop indulgent pour qu'on la peigne en amazone. Mentor disait que les enfants appartiènent moins à leurs parents qu'à la république. Dieu fit choix de Cyrus pour gouverner, avant qu'il vît le jour. La Fontaine était persuadé, comme il le dit, que l'apologue est un art divin.

> Néron, devant sa mère, a permis le premier,
> Qu'on portât les faisceaux couronnés de laurier.

8e Ces jeunes personnes sont désireuses des délices de la vie et y sont habituées. Les Romains encourageaient les soldats valeureux, et leur donnaient des récompenses. Votre ami a sollicité une permission, et il a quitté la pension avant qu'on la lui ait accordée. Mes enfants, sont-ce là vos livres? Oui, ce les sont. Un philosophe disait que servir les humains, c'est la première vertu après la piété. Léonidas était mort pour son pays, avant que Socrate eût fait un devoir d'aimer sa patrie. Combien d'hommes seraient morts plus saintement, s'ils eussent pensé que le trépas fût venu les atteindre sitôt. Je ne savais pas que vous eussiez fait une étude si approfondie des mathématiques. Pensez-vous qu'il vînt vous voir et qu'il vous parlât, s'il savait la réception qui l'attend.

9e Penser avec liberté, sentir avec délicatesse, agir avec courage, c'est le partage de l'homme vraiment vertueux. Il n'y a que vous et moi, mon ami, qui ayons fait des ouvrages dans la seule vue d'applanir les difficultés de cette science. Que la loi soit bonne ou mauvaise, on doit y obéir, pour ne pas tomber dans le pire des états: l'anarchie. Caton écrivait au sénat qu'il avait soumis plus de places en Espagne qu'il n'avait été de jours à parcourir ce pays. Ce guerrier n'ose lever les yeux, il court renfermer, dans sa tente, le chagrin et la honte dont il est accablé. La traduction n'a jamais permis que la saine doctrine puisse être altérée. L'esprit des méchants, comme leur caractère, me déplaît. Le mérite des hommes, aussi bien que les fruits, a sa saison. On dit qu'un nouveau pont va être construit en face du Louvre. Cet homme court à travers les champs.

10e Ce conseil s'assemble une fois par mois; il détermine toutes les discussions des gardes nationaux de la compagnie, et y préside. Quelques belles contrées que vous ayez parcourues, quelque riches que soient les pays que vous ayez visités, quelles que soient leurs productions, je doute que vous en ayez vu un aussi riche que celui-ci. Il est dangereux de dire au peuple que les lois ne sont pas justes. Cette nation de fanatiques a fait périr cruellement tous les étrangers qui se trouvaient chez elle. Une multitude d'hommes se sont réunis ici pour parler d'une affaire importante. Vous êtes le seul élève qui m'ait donné de la satisfaction. Nous étions hier au soir en promenade les mêmes élèves qui avaient manqué à leur professeur à la dernière promenade.

Aussitôt qu'un sujet s'est rendu trop puissant,
Encore qu'il soit sans crime, il n'est pas innocent.

11e Il n'y a plus de temps à perdre, messieurs, mettons-nous à table; nous avons de bonne soupe, de bon vin, de bon bouilli, de bonnes côtelettes, et d'excellents légumes. C'est toi, mon fils, qui sus te faire aimer, qui t'expliquas avec grâce, et qui captivas tous les cœurs. La vanité humaine ne peut souffrir l'égalité parmi les hommes. La religion nous apprend à être affables envers nos inférieurs. Le Nil entretenait le commerce dans l'Égypte. Les passions nous travaillent pendant tout le cours de la vie. J'ai fait de brillantes affaires cette année; mais j'en fis encore de bien plus importantes les années précédentes. Les lois de Lycurgue ordonnaient que les enfants couchassent nus sur la terre; elles exigeaient qu'ils fussent tous élevés en commun, et que les fils des premiers magistrats fussent soumis à cet ordre; ces lois prescrivaient aussi que les filles fussent mariées sans dot.

Cet animal, tapi dans son obscurité,
Jouit, l'hiver, des biens conquis pendant l'été.

12e La vertu sur le trône est dans son plus beau lustre. La nature de l'amour propre est de n'aimer que soi, de ne considérer que soi. Nous avons une idée du bonheur et nous ne pouvons y arriver. La charité souffre tout pour ce qu'elle aime, et s'en accommode. La perte ou le salut des particuliers se borne à leur personne. Mon arc, mes javelots, mon char, tout m'importune. Le commun des hommes va de la colère à l'injure. Une nuée de traits obscurcirent l'air et couvrirent tous les combattants. On y conserve écrits le souvenir et l'offense. Votre feue mère et feu ma tante avaient autant de prudence que d'esprit. Les plaisirs sont des amusements qui ne laissent qu'un long et funeste repentir. Les crève-cœur sont des plaisirs qui crèvent le cœur. Avez-vous vu le mur que j'ai fait faire? Il est près de tomber. Où est mon fils? il faut que je le voie avant qu'il meure. Ce qui soutient le plus la santé, c'est la tempérance. Ces martyrs marchaient tous deux au trépas, en se donnant la main. J'ai appris que vous étudierez les langues anciennes et les modernes.

EXERCICES SUR LA PONCTUATION.

De la virgule, (*voyez les* n°s 287 *à* 292.)

PREMIER EXERCICE. Accoutumez-vous, ô Télémaque, à n'attendre des plus grands hommes que ce que l'humanité est capable de faire. La jeunesse, sans expérience, se livre à une critique présomptueuse, qui la dégoûte de tous les modèles qu'elle a besoin de suivre, et qui la jète dans une indocilité incurable. Non seulement vous devez aimer, respecter, imiter votre père, quoiqu'il ne soit point parfait; mais encore vous devez avoir une haute estime pour Idoménée, malgré tout ce que j'ai repris en lui. Il est naturellement sincère, droit, équitable, libéral, bienfesant; sa valeur est parfaite, il déteste la fraude quand il la connait, et il suit librement la véritable pente de son cœur. Henri IV avait, avant de monter sur le trône, peu d'amis, peu de places importantes, peu d'argent et une petite armée; mais son courage, son activité, sa politique, suppléait à tout ce qui lui manquait.

2e Au premier coup qu'on lui porte, l'idole se renverse, se brise, et est foulée aux pieds. Le mépris, la haine, la crainte, le ressentiment, la défiance, en un mot toutes les passions, se réunissent contre une autorité si odieuse. Le roi, qui, dans sa vaine prospérité, ne trouvait pas un seul homme assez hardi pour lui dire la vérité, ne trouvera, dans son malheur, aucun homme qui daigne ni l'excuser, ni le défendre contre ses ennemis. Charles V fut le premier qui, depuis Charlemagne, aima les gens de lettres, les favorisa, les protégea et leur accorda des titres honorables. Les hommes, qui sont créés pour connaître et aimer Dieu, doivent s'appliquer à fuir le vice et à pratiquer la vertu. La science qui est le prix du travail, ne laisse jamais l'homme sans consolation. Celui-ci était étendu, percé de diverses blessures; et, dans son extrême faiblesse, il entrevoyait, près de lui, les portes sombres des enfers.

De la virgule et du point-et-virgule.

Je touche, mon cher fils, au bout de ma carrière;
Tes innocentes mains vont fermer ma paupière;
Mais, soutenu du tien, mon nom ne mourra plus.

3° Platon et Cicéron, chez les anciens; Clarck et Leibnitz, chez les modernes, ont prouvé métaphysiquement et presque géométriquement l'existence du souverain-Être: les plus grands génies ont cru à ce dogme consolateur. Plaute, qui a fait rire les Romains, pour les corriger; Phèdre qui a fait parler les animaux, d'une manière si utile aux hommes; Horace, qui a si bien peint la raison des couleurs de la poésie; et tant d'autres auteurs ont leurs rivaux en France, et peut-être leurs vainqueurs. La satisfaction qu'on tire de la vengeance, ne dure qu'un moment; mais celle que l'on tire de la clémence, est éternelle.

4° La bonté et la fermeté, sont les deux qualités qui constituent le véritable instituteur. La puissance de la bonté se fait surtout sentir à cet âge tendre, qui éprouve un si grand besoin de la renconter chez ceux auxquels il est soumis; elle tempère l'agitation de l'enfance; elle fixe sa mobilité, par le charme qu'elle répand autour d'elle; elle adoucit la grossièreté; elle encourage la timidité; elle console le malheur; elle relève ceux qui sont abattus; elle se fait surtout sentir à ceux dont la situation est la moins favorable; elle a mille attraits pour appeler à elle les jeunes enfants; elle a mille aliments pour leurs nécessités diverses : elle seule enseigne la vraie mesure de l'indulgence. Vous, devez vous le dire d'avance : une grande, une immense provision de bonté est nécessaire à celui qui se voue aux nobles et pénibles fonctions d'instituteur.

De la virgule, du point et virgule et des deux points.

5e Il y a trois sortes d'ignorances : ne rien savoir, savoir mal ce qu'on sait, et savoir autre chose que ce qu'on doit savoir. Il y a deux grands traits qui peignent le caractère: le zèle à rendre service, qui prouve la générosité; le silence sur les services rendus, qui annonce la grandeur d'âme. L'exercice, la sobriété, le travail : voilà trois médecins qui ne se trompent pas. Il ne faut jamais mépriser ceux qui sont moins riches que nous : car qui vous a dit que la fortune ne vous délaissera pas un jour. Pythagore a dit : mon ami est un autre moi-même; et Plaute : le bien qu'on fait à d'honnêtes gens n'est jamais perdu. Télémaque répondit à Adoam, avec un étonnement mêlé de joie : je vous ai vu, je vous reconnais; mais je ne puis me rappeler si c'est en Egypte ou à Tyr. Alors Adoam s'écria : Vous êtes Télémaque que Narbal prit en amitié, lorsque nous revînmes d'Egypte.

.... Punissez les forfaits ;
Mais ne trahissez pas vos propres intérêts .
A qui peut se venger, trop souvent il en coûte.

6e Il faut céder à l'usage et à l'autorité : ce sont deux devoirs que l'on ne peut récuser. Un écrivain estimable a dit : un digne instituteur serait le plus vertueux des hommes. Former l'enfance de l'homme, développer en elle le don de l'humanité, telle est la tâche de l'instituteur. L'homme est un; son intelligence, son cœur, ses organes, forment un tout étroitement lié. L'instruction élémentaire lui donne en quelque sorte de nouveaux organes : mais il faut que la plante entière croisse, se déploie, porte ses fruits: c'est à vous de la cultiver, de la soutenir , de la féconder. Si le travail est le gardien des mœurs, les mœurs à leur tour ne protégent pas moins le travail: L'éducation seule peut garantir ou de la pauvreté, ou du vice.

De la virgule, du point et virgule; des deux points et des différents points.

7• La plupart des écrivains, dit Beauzée, multiplient trop l'usage du point, et tombent par là dans l'inconvénient de trop diviser les membres de la période; et quelque fois ils courent les risques d'être mal compris. Veux-tu devenir homme de bien? fréquente les bons, évite les méchants, et ne demeure jamais oisif. Cléopâtre allant à Tarse, où Antoine l'avait mandée, fit ce voyage sur un vaisseau brillant d'or et orné des plus belles peintures. Les voiles étaient de pourpre, les cordages d'or et de soie. Cléopâtre était habillée comme on présente Vénus. Ses femmes représentaient les nymphes et les grâces. Milton, voyageant en Italie dans sa jeunesse, vit représenter à Milan une comédie intitulée Adam, ou le péché originel. Le sujet de cette pièce était la chûte de l'homme. Les acteurs étaient Dieu le père, le diable, les anges, Adam, Eve, le serpent, la mort et les sept péchés mortels.

Je le ferai bientôt — Mais quand donc? dès demain;
Eh! mon ami, la mort peut te surprendre en chemin.

8e Pensez vous qu'Ulysse, le grand Ulysse votre père, qui est le modèle des rois de la Grèce, n'ait pas aussi ses faiblesses et ses défauts? Si Minerve ne l'eût conduit pas à pas, combien de fois aurait-il succombé dans les périls et dans les embarras où la fortune s'est jouée de lui! combien de fois Minerve l'a-t-elle retenu ou redressé pour le conduire toujours à la gloire par le chemin de la vertu! N'attendez pas même, quand vous le verrez régner avec tant de gloire à Ithaque, de le trouver sans imperfection ; vous lui en verrez sans doute. La Grèce, l'Asie, et toutes les îles des mers, l'ont admiré malgré ses défauts : mille qualités merveilleuses les font oublier. Vous serez trop heureux de pouvoir l'admirer aussi, et de l'étudier sans cesse comme votre modèle.

Où suis-je ? à mes regards un humble cimetière
Offre de l'homme éteint, la demeure dernière.
Un cimetière aux champs ! quel tableau ! quel trésor !

RÉCAPITULATION SUR LA PONCTUATION.

J'ai à reconnaître la noblesse de ce titre d'instituteur primaire, que la frivole opinion du monde ne saurait apprécier, que ne décorent pas les avantages extérieurs; mais qui a droit à être honoré par les bons esprits et les gens de bien. Oui, ce titre est honorable, il est noble, quand il est porté d'une manière conforme aux devoirs qu'il impose. L'instituteur primaire est un véritable *officier public ;* les lois de l'état ont reconnu elles-mêmes l'importance, la nécessité de cette fonction ; elles l'ont fondée, réglée, protégée ; elles en ont fait l'objet d'une juste sollicitude. L'instituteur primaire reçoit de l'autorité publique le caractère dont il est investi : tantôt appelé, choisi, nommé par cette autorité; il prend rang dans la commune comme directeur d'un établissement municipal ; tantôt reconnu, du moins par l'autorité, pour ouvrir une école en son nom privé, il se range dans la classe de ces dépositaires qui se présentent à la confiance générale avec les garanties qu'un tel aveu doit exprimer. Ses relations sont avec le public, ses services ont pour objet un intérêt commun : mandataire collectif, il reçoit le dépôt remis dans ses mains par un grand nombre de familles. Lui-même, il exerce une autorité réelle, légitime, dans l'enceinte de son établissement ; il y est revêtu d'une sorte de magistrature, dont l'influence s'étend au dehors. Cette magistrature est celle de la famille : délégué des parents, il les représente, il exerce en leurs noms la puissance paternelle. La dignité des fonctions d'instituteur est donc comme un reflet, une émanation de cette haute dignité confiée aux pères de famille par la providence, par la nature et par les lois. Le ministère de l'instituteur, quoique purement civil, s'associe lui-même au ministère religieux, le seconde : car l'instruction sert la religion ; elle sert la morale qui est la fille de la religion ; l'instituteur primaire prépare l'enfance à l'éducation religieuse ; l'école est comme le portique du temple. Quel témoignage plus certain un instituteur pourrait-il recevoir de l'estime générale, que celui qu'il trouve dans la confiance qui lui est accordée ? Car la confiance, on le sait, ne peut s'attacher à la personne, qu'en se fondant sur l'estime. On dépose dans leurs mains les objets des affections les plus tendres et les plus vives ; on les associe à tout ce que la sollicitude d'un père et d'une mère peut avoir de plus chers intérêts ; on s'en remet à lui pour conserver et préparer le bonheur et l'avenir des familles ; on lui accorde un pouvoir presque sans bornes ; on se repose sur lui, sans autre garantie que celle de son caractère et de sa conduite. Voici un avantage de la position d'un instituteur : c'est qu'elle lui offre une occasion constante de se perfectionner lui-même ; elle lui en fournit des motifs ; elle lui en prête des moyens. Elle l'appèle, en effet, à exercer ses facultés de la manière la plus active et la plus continue. Il aura à étudier sans cesse ; il aura des sujets d'observations aussi intéressants que nombreux ; il s'instruira en enseignant ; il devra s'appliquer à connaître les bonnes méthodes, afin de ne pas rester routinier ; il deviendra meilleur en cherchant à diriger ses élèves, à les rendre bons ; il acquerra de nouvelles forces par son application persévérante et courageuse à remplir ses pénibles devoirs.

L'instituteur a besoin de posséder un fonds de connaissances positives, réelles ; de connaissances qui roulent sur les faits : il en aura besoin pour s'y appuyer dans les applications, et c'est vers ce but d'ailleurs qu'il devra constamment diriger ses efforts.

Mais ce n'est point assez encore de posséder les connaissances, il faut de plus avoir le talent de les transmettre. Le talent d'enseigner suppose l'instruction, mais il manque souvent aux hommes les plus instruits. Le talent d'enseigner n'est pas seulement celui d'exposer facilement; il suppose aussi l'art de présenter les choses sous leur aspect naturel, l'habileté à les disposer de la manière la plus conforme aux dispositions et aux besoins des élèves; il suppose l'intelligence des bonnes méthodes et l'habitude de les appliquer; il suppose l'art de se mettre à la portée de ceux dont on veut se faire comprendre, d'employer les formes les plus propres à faire pénétrer la lumière dans leurs esprits; il suppose à la fois, et la netteté dans les idées, et la clarté dans le langage : moins les élèves sont avancés, plus il faut descendre à eux en leur facilitant l'étude.

L'instituteur primaire a besoin de beaucoup de discernement pour apprécier les nombreuses difficultés de sa position, et pour en triompher; il a besoin de pénétration pour découvrir les dispositions des enfants, les obstacles qui les arrêtent, les impressions qu'ils reçoivent; pour suivre les mouvements fugitifs de leur intelligence : il a besoin d'un grand esprit de conduite pour conserver son indépendance, pour se guider dans ses relations, pour régler toutes ses démarches, pour ne jamais se compromettre avec les parents ou les élèves.

Les jours du véritable instituteur sont pleins de charmes : une activité tranquille et bien ordonnée, mais infatigable, met en valeur tous ses instants; les enfants accourent avec joie auprès de lui; il est au milieu d'eux comme un père; le désir de lui être agréable, la crainte de lui déplaire, sont pour eux le plus puissant mobile. Il voit se développer rapidement sous ses yeux les facultés de l'intelligence, et les qualités du cœur. Il recueille sans cesse en même temps qu'il sème. Son école est comme un monde en petit, un monde où pénètrent les lumières de la raison, la chaleur des sentiments vertueux, où règnent l'ordre, la sagesse et la bonté : dans les intervalles de liberté qui lui restent, il continue sa propre éducation, il réfléchit sur la marche qu'il a suivie, il prépare les améliorations, il éprouve ce contentement intérieur, ce premier bien de l'homme, qui est la récompense d'une vie consacrée à l'accomplissement des devoirs : il se voit entouré de l'approbation des gens de bien. Un sage instituteur, en s'adressant à ses collègues, dans une de ces conférences que nous desirons vivement voir s'établir entre les instituteurs de chaque canton disait : l'importance de nos fonctions, et par conséquent l'appréciation de notre position sociale, dépend en grande partie de la manière dont nous remplissons nos devoirs, de l'aptitude que nous y apportons, du dévoûement qui nous anime, des peines qui environnent nos efforts.

Sous tous les rapports, soyons nous-mêmes nos premiers surveillants, nos juges les plus sévères. Nous sommes d'âges différents. Il n'est aucun âge où l'homme ne puisse plus apprendre, plus faire des progrès. Fesons encore des progrès. Soyons de notre siècle, puisque c'est pour notre siècle que nous formons nos jeunes concitoyens. Remplissons nos devoirs de manière à donner en même temps des leçons et des exemples. La plus haute dignité qui se puisse obtenir dans ce monde est la dignité morale. C'est elle que chacun se confère à lui-même. En possession de ce trésor, distingués par un caractère auguste, la considération du monde ne nous manquera pas plus que sa reconnaissance.

Phrase où se trouvent réunis tous les signes de la ponctuation.

On proclame à haute voix le nom du jeune Victor B***; un jeune homme s'élève à l'extrémité supérieure de la salle ; tous les yeux se portent sur lui ; il descend ; on s'empresse de se déranger pour lui ouvrir un passage, mais on a le temps de s'interroger. « Quel est-il ? Quel âge a-t-il ?..... Quel air modeste ! Quelle figure aimable ! Que sa mère doit être heureuse ! La voilà, — où donc ? — là....., cette dame qui s'essuie les yeux,...... » et mille autres propos que le jeune homme recueille en allant recevoir la couronne.

FIN.

TABLE ALPHABÉTIQUE

DES MATIÈRES.

A

B

C

D

E

F

G

H

I

J

L

M

N

O

P

Q

R

S

T

V

FIN DE LA TABLE.

www.ingramcontent.com/pod-product-compliance
Lightning Source LLC
Chambersburg PA
CBHW072228270326
41930CB00010B/2037

* 9 7 8 2 0 1 9 5 8 8 5 6 4 *